松浦武四郎の

釧路・根室・知床探査記

加藤公夫 編

北海道出版企画センター

はじめに

私は、十勝内陸に生まれ育ちました。幕末の十勝内陸の自然風物、アイヌ民族の生活、和人の活動などに興味がありました。そのようなことから、『松浦武四郎の十勝内陸探査記』が、平成三十（二〇一八）年六月十五日に、北海道出版企画センターから出版しました。

私は、二十代前半から五十代にかけて、根室管内の別海町、根室市、中標津町に、通算、十八年間住みました。二十代前半の初めての任地で、見るもの、聞くもの、その地域での歴史、自然風物など、十勝の内陸とは異なり、興味深く日々を過ごしました。

前回、『松浦武四郎の十勝内陸探査記』を出版したことから、かつて、十八年間生活した、根室、知床の幕末の自然風物、歴史、アイヌ民族の生活、アイヌ語の地名などを知りたいと思い、『松浦武四郎の釧路・根室・知床探査記』を著しました。

前回同様、松浦武四郎著、高倉新一郎校訂、秋葉實解読の『戊午東西蝦夷山川地理取調日誌上・中』から、釧路、根室、知床の関係分を、私自身が理解し易いように、一般の方々が分かりやすいようにと、現代文に書き改めました。

また、内容を分かりやすく、充実させるために、（注）として、多くの参考文献から要約引用しました。

次に、幕末の探検家、松浦武四郎について、より理解ができるよう要約して紹介します。

出生地

松浦武四郎は、今から、おおよそ二百年前の文化十五（一八一八）年二月六日（新暦・三月十二日）、三重県松阪市小野江（伊勢国一志郡須川村）で、代々、苗字帯刀を許された郷士、松浦桂介時春の三男（第四子）として誕生。

蝦夷地に十三年間で六回旅行

天保四（一八三三）年、十六歳の時、家を出て江戸に向かって以来、全国を旅するようになった。蝦夷地には、十三年間で六回訪れた。

一回目、東蝦夷地、知床を踏査

弘化二（一八四五）年、二十八歳の時。一介の私人として。三月二日（新暦・四月八日）江戸出発→津軽の鯵ヶ沢→江差→箱館→登別→日高→十勝→釧路→厚岸→西別（別海）→標津→羅臼→七月十二日（新暦・八月十四日）知床→野付→根室

→厚岸→（船）→森→八月下旬（新暦・九月下旬）箱館帰着。

二回目、西蝦夷地、南樺太を踏査

弘化三（一八四六）年、二十九歳の時。一介の私人として。

一月二日（新暦・一月二十八日）江戸出発→津軽の鰺ヶ沢→松前→岩内→余市→日本海沿岸→宗谷→南樺太→オホーツク海沿岸→網走→斜里→知床着、八月二日（新暦・九月二十二日）、前年に記した標柱を確認→知床→斜里→（船）→オホーツク海沿岸→宗谷→日本海沿岸→石狩→九月上旬（新暦・十月中旬）江差帰着。この年江差にて越年。

三回目、蝦夷地、色丹島、国後島、択捉島を踏査

嘉永二（一八四九）年、三十二歳の時。私人として。ほとんど船の旅であった。

一月二十二日（新暦・二月十四日）江戸出発→水戸→仙台→津軽の三厩→松前→箱館→（船）→ユルリ島→色丹島→国後島→択捉島→国後島→色丹島→厚岸沖→エリモ岬沖→六月十五日（新暦・八月三日）箱館帰着。

四回目、蝦夷地、南樺太への調査

安政三（一八五六）年、三十九歳の時。幕府の御雇という身分。

二月六日（新暦・三月十二日）江戸出発→下北の大澗奥戸→箱館→日本海側を北上→宗谷→南樺太→オホーツク海沿岸→斜里→標津→根室→釧路→十勝→日高→長万部→十月十三日（新暦・十一月十日）箱館帰着。越年。

五回目、蝦夷地、天塩川、石狩川流域への山川地理調査

安政四（一八五七）年、四十歳の時。幕府の御雇という身分。

四月二十九日（新暦・五月二十二日）箱館出発→岩内→余市→石狩→忠別→新十津川→銭函→増毛→天塩→名寄→留萌→石狩→由仁→千歳→室蘭→寿都→国縫→八雲→八月二十七日（新暦・十月十四日）箱館帰着。越年。

六回目、蝦夷地一円、二〇五日間の山川地理調査

安政五（一八五八）年、四十一歳の時。幕府の御雇という身分。

一月二十四日（新暦・三月九日）箱館出発→虻田→石狩→忠別太（旭川）→佐幌→人舞→芽室→大津→釧路→阿寒→斜里→摩周湖→釧路→昆布森→厚岸→根室→野付→標津→ヲウロヲマフ（植別川の北）→春日→八木浜→松法→羅臼→チトライ→化石浜→知床→啓吉湾→ウトロ→斜里→紋別→宗谷→天塩→銭函→千歳→富川→広尾→大樹→芽室→音更→大津→広尾→様似→浦河→新冠→八月二十一日（新暦・九月二十七日）箱館帰着。二〇五日間、調査。

蝦夷開拓御用掛

慶応四（一八六八）年閏四月二十四日（新暦・六月十四日）、新政府は箱館裁判所を箱館府に改称。明治二（一八六九）年六月六日（新暦・七月十四日）、島義勇（元佐賀藩士）、松浦武四郎らを蝦夷開拓御用掛に任命。

開拓判官

明治二年七月八日（新暦・八月十五日）、新政府は開拓使を設置。同年八月二日（新暦・九月七日）、島義勇、岩村通俊（元土佐藩士）、岡本監輔、松浦武四郎、松本十郎、杉浦誠らを開拓判官に任命（『新版　北海道の歴史　下　近代・現代編』要約引用）。

同年九月十九日（新暦・十月二十三日）北海道道名、国名、郡名選定の任にあたり、手当、金百円を下付された。

明治三（一八七〇）年三月十五日（新暦・四月十五日）、武四郎は開拓判官の辞表を提出、三月三十日（新暦・四月三十日）、開拓判官を辞職。蝦夷地調査に尽力した功績により、終身十五人扶持を賜る。年に玄米七十五俵、米価換算で約百五十万円に相当（秋葉實編著『松浦武四郎知床紀行』要約引用）。

探検家、旅行家、好事家

武四郎は、青年期から各地を旅する旅行家、探検家であった。蝦夷地の各地で黒曜石のヤジリ、石斧、砥石、土器片などを収集した好事家でもあった。

蝦夷地に六回やって来て、多くの遺物を収集したが、その収集品の多くは、大正十二（一九二三）年の関東大震災の時、焼失したといわれている。

後世に膨大な著作を残す

武四郎は、諸国を歩き、観察、調査した事などを、嘉永三（一八五〇）年、三十三歳の時から、明治二十（一八八七）年の七十歳までの三十八年間、著述活動を行った。それらを刊行して、後世に残した。

好奇心が旺盛で、観察力があり、忍耐強いことから、聞取り調査を行い、多くの記述ができたのであろう。

晩年

自然風物、民族、歴史などに興味があり、書画骨董に造詣が深かった武四郎の晩年は、著述、旅行、骨董品収集など行い、悠々自適な日々を送った。

明治二十一（一八八八）年二月四日、脳溢血で倒れる。十日、東京神田五軒町の自宅において、七十一歳で逝去。浅草称福寺に葬られ、その後、染井霊園に改葬される。

平成三十一（二〇一九）年四月　加藤　公夫　記す

松浦武四郎の釧路・根室・知床探査記　目次

四月二十五日（新暦・六月六日）

ササ原を馬で行く／刺繍の模様を砂に書く／熊にカモを取られる／友知島／鯨の腰の骨／歯舞／瑶瑤瑁／納沙布岬／水晶島／（注）北方四島／（注）歯舞群島／（注）貝殻島／（注）水晶島／（注）秋勇留島／（注）勇留島／（注）志発島／（注）多楽島／色丹島／（注）色丹島／（注）根室請負人、柏屋喜兵衛／（注）解読者、秋葉實氏の注記／この時期に氷柱／（注）国後島／温根元／トウサムポロ沼で野宿／親熊と子熊

四月二十六日（新暦・六月七日）

フンドシを洗う／古い墓所／（注）ロシア人、ノツカマフに来る／（注）和人七十一人殺害、アイヌの人たち三十七人処刑／（注）番屋／（注）番人／（注）介抱／ナマコ、ホタテ漁／イコトイ一族の墓／チンペイの家／（注）行器／（注）耳盥／（注）イコトイ・陳平・金太郎の系図／漁師のニシン小屋／（注）アイヌ人口の比較表／根室の会所元／（注）根室会所／（注）勤番所／（注）旅宿所・通行屋／（注）根室の農作物栽培状況／（注）丙辰廻浦日誌

四月二十七日（新暦・六月八日）

根室に滞留／（注）貞操観念の強い娘／（注）ドンドンの戎舞／（注）戎舞／厚岸の案内人、帰郷／（注）支配人の善吉／（注）阿波煙草

第三章・松浦武四郎著　戊午　志辺津日誌

第五章・松浦武四郎著　戊午　志礼登古日誌　巻の上

第六章・松浦武四郎著　戊午　志礼登古日誌　巻の下

写真・絵図・図版　目次

図版1　松浦武四郎足跡図(太平洋側→オホーツク海)

第一章

戊午　能都之也布日誌　巻の上

松浦武四郎著

戊午　能都之也布日誌　巻の上　安政五（一八五八）年

四月二十日（新暦・六月一日）

昆布森出発→根室滞留まで

昆布森（出発）→仙鳳趾（昼食）→厚岸（滞留）→霧多布（一泊）→落石（一泊）→昆布盛→花咲（一泊）→納沙布岬→トウサム（野宿）→根室（滞留）

この編は、四月二十日（新暦・六月一日）、昆布森（釧路町）を出発して、仙鳳趾（釧路町）番屋に着き、そこで昼食にした。そこから、厚岸まで、その浜を廻り、夜着き、宿泊して滞在した。

南海岸ハラサンから霧多布、アチラフ、ホロトウあたりを廻り、根室領花咲へ出た。そこから、海岸を歩き納沙布を廻り、根室へ着くまでの日誌である。

写真二　昆布森漁港

安政五（一八五八）年四月二十日（新暦・六月一日）、松浦武四郎は、昆布森を出発して陸路、仙鳳趾を経由して厚岸会所に着いた。

昆布森は釧路町の漁港。地名が示すように良質な昆布が生産され、カキ、ウニなどの生産地。

（注）旧暦から新暦へ

旧暦のまま、文章を読むと、植物の生育や自然風物に対して違和感を感じることがある。理由は、旧暦と新暦との日数の差が、約一カ月から一カ月半あることである。そのため、旧暦は、現在の日付にすると何日になるか、新暦が分かりやすいように（ ）書きで入れた。

旧暦は太陰暦、陰暦ともいう。月の満ち欠けで時間を決めた。一カ月の日数は二十九日と三十日である。

新暦とは、現在、普通に使われている太陽暦、陽暦である。地球が太陽を一周する時間を一年としている。

新暦は、明治六（一八七三）年一月一日から始まった（『岩波国語辞典』）。

四月二十一日（新暦・六月二日）
厚岸会所に宿泊

先ず、一日目の滞在は、厚岸会所で宿泊した。厚岸会所の領分の地名を調査するため、案内できる者を呼んでもらった。詰合（一定期間、詰めて勤務する所）の大西栄之助氏より支配人に伝え、脇乙名コロコと小使イタクノツの二人

写真三　仙鳳趾漁港

仙鳳趾は厚岸湾の西側に位置し、釧路町の漁港。カキの生産地。

四月二十日（新暦・六月一日）、昆布森を出発した松浦武四郎は、仙鳳趾で昼食にした。

がやってきた。地名を聞き、和訳をしてもらった。お礼に、酒二升、煙草二把、針十本を渡した。

(注) 厚岸湾にオランダ船碇泊

寛永二十(一六四三)年八月、オランダ船カストリクム号、船長ド・フリースが、厚岸湾に入り碇泊した(『別海町百年史 別冊附録』)。

(注) 厚岸会所元

通行屋(宿泊所)、勤番所(役人の詰所)、制札(法令、禁令などを掲示するところ)、備米蔵、合薬蔵(火薬庫)、船蔵、鍛冶屋、大工小屋、馬屋、板蔵九棟、茅葺き蔵三棟などの施設があった(丸山道子訳『納沙布日誌』)。

(注) 会所

幕府直轄時に、運上屋の行政的な機能を増大させたまま、運上屋を会所と改称した(北海道新聞社編『北海道大百科事典 上巻』)。

(注) 運上屋

請負場所に設けられた現地施設。その地域で交易、漁業生産を担い、また、アイヌの人びとの介抱や通行人の宿泊所としても機能した。運上屋には支配人、通詞、調役、番人などが詰合い、維持していた(秋葉實編著『松浦武四郎 知床紀行』)。

寛政十(一七九八)年頃には、広尾、釧路、厚岸、根室、斜里、国後島の泊にあった(北海道

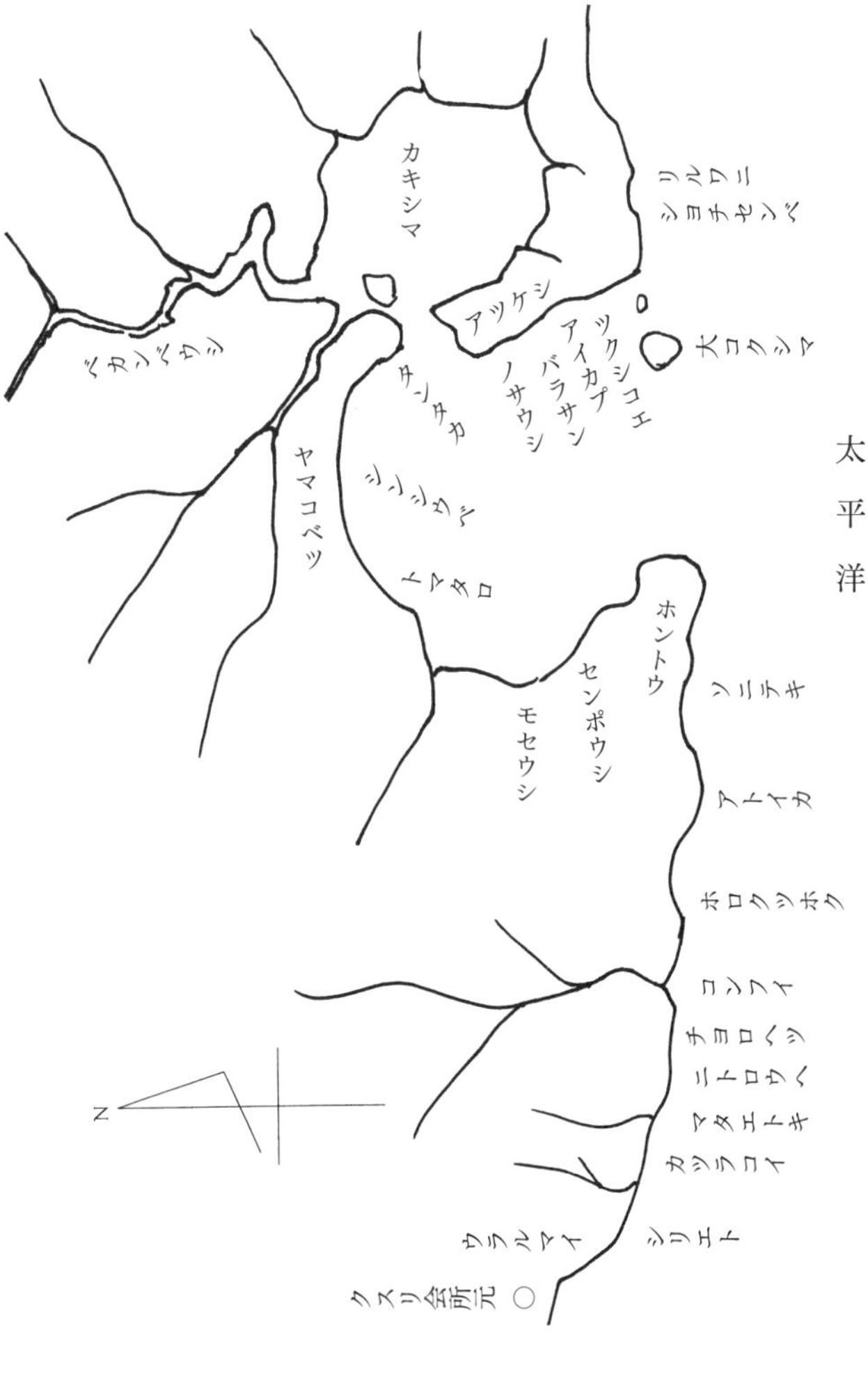

図版２　釧路会所→昆布森→厚岸湾→厚岸会所

庁編纂『北海道史　附録・地図』)。

(注) 請負場所

場所の請負を引き受けた、その土地、漁場をいう。場所とは、松前藩が蝦夷地を区画し、その区画地におけるアイヌの人びととの交易や漁業生産の権利を藩主の直轄地として経営し、あるいは知行(家臣への報酬、俸禄、扶持)として家臣に割り当てた商場をいう。

当初は藩主や藩士が自ら経営を行った。次第に行き詰まり、商人などに請け負わせた。これを場所請負という。また、後期には、藩が一括して請け負わせるようになる(秋葉實編著『松浦武四郎　知床紀行』)。

寛永年間(一六二四~四三)、松前藩が厚岸場所を開設し、運上屋を設けた。

元禄十四(一七〇一)年、松前藩が霧多布場所を開く。

宝暦四(一七五四)年、和船で初めて納沙布水道の難所を越え、国後島に請負場所を開いた。

安永三(一七七四)年、飛騨屋久兵衛、根室及び国後島の場所を請負う。

寛政元(一七八九)年、松前藩は、飛騨屋久兵衛の請負を免じ(寛政の乱の原因のため)、村山伝兵衛に国後島、根室場所の差配(取り仕切ること)を命じる。

寛政八(一七九六)年、村山伝兵衛は請負人を罷免され、小林栗九郎、熊野屋忠右衛門の差配に移る。

文化九(一八一二)年、入札の結果、根室場所は材木屋七郎右衛門、国後場所は、米屋藤兵衛が請負人となる。

文化十三（一八一六）年、根室場所は、高田屋喜兵衛、伊達林右衛門、栖原半助、亀屋武兵衛の四人の共同請負になる。

天保四（一八三三）年、択捉場所は関東屋喜左衛門、山田文右衛門、中村屋新三郎の請負となる。根室場所は藤野喜兵衛の請負となる。

天保十一（一八四〇）年、根室場所、山田文右衛門の請負となる。

弘化二（一八四五）年、根室場所、和賀屋宇右衛門、浜田屋兵四郎の請負となる。

嘉永二（一八四九）年、再び、藤野喜兵衛の請負となる。

万延元（一八六〇）年、仙台藩領根室・国後場所、藤野喜兵衛請負、択捉場所は伊達林右衛門、栖原小右衛門が請負う（『別海町百年史　別冊附録』）。

（注）請負人

場所請負人のことで、場所を請け負った商人などをいう（秋葉實編著『松浦武四郎　知床紀行』）。

（注）支配人

場所請負の現地施設である運上屋の責任者のことをいう。配下の通詞（通訳）、調役、番人などと共に詰合い、現地の管理にあたった（秋葉實編『松浦武四郎　知床紀行』）。

（注）厚岸詰調役下役、大西栄之助

大西栄之助は、安政四（一八五七）年三月九日、日高サル詰から厚岸詰調役下役に申し渡され、万延元（一八六〇）年四月に江戸御棒之頭を申し渡された。現在の北海道庁の出先、振興局（旧支庁）の課長クラス（秋葉実解読『戊午日誌』上）。

（注）箱館奉行支配調役在勤地

安政二（一八五五）年頃、厚岸、国後島の泊、択捉島の紗那に箱館奉行支配調役在勤地があった。同じく調役下役在勤地は、広尾、釧路、根室、斜里にあった（北海道庁編纂『北海道史　附録・地図』）。調役は現在の振興局局長、元支庁長格。

（注）仙台出張陣屋・秋田出張陣屋

安政二（一八五五）年頃、厚岸、根室、国後島の泊、択捉島の紗那に仙台出張陣屋（藩士が宿泊する所、詰め所）があった。

斜里方面は、秋田出張陣屋が管轄した（北海道庁編纂『北海道史　附録・地図』）。

（注）厚岸の農作物栽培状況

寛政元（一七八九）年以前に、玄米の中に稗《ひえ》が混ざっており、それが流れて外で生えたという記録がある。

寛政一〇（一七九八）年以前から、粟《あわ》、稗、蕎麦《そば》が栽培されていた。

文化三（一八〇六）年、国泰寺境内の六〇〇坪の畑に、隠元豆《いんげんまめ》、豌豆《えんどう》、胡瓜《きゆうり》などが栽培されていた。

松浦武四郎が、厚岸に立ち寄った頃までに栽培されていた作物名を紹介すると、次のようになる。

空豆《そらまめ》、青豆《あおまめ》、白豆《しろまめ》、夕顔《ゆうがお》、牛蒡《ごぼう》、人参《にんじん》、京菜《きょうな》、蕪菁《かぶ》、大根《だいこん》、南瓜《かぼちゃ》、五升芋《ごしょいも》、ほうれん草などである（山本正編『近世蝦夷地農作物年表』）。

アイヌの和風化

コロコとイタクノッの二人は、最近まで脇乙名、小使の役職であったが、自ら役職を退き、平アイヌとなり、髪形、風俗、名前とも、和風に改めた。実に立派なことである。詳細は『近世蝦夷人物誌』に書く。

明日から外海岸、霧多布、ホントウ、落石、花咲、納沙布を行くと話した。食糧、煙草、塩などを用意した。案内人のことは、厚岸詰調役（現在の振興局局長、元支庁長格）、喜多野省吾高和に任せた。

夕方、庄屋酒六（この者は、当時、惣乙名役を勤めていた。人物誌に記録する）、名主金太郎（この者は、当時、惣小使だった。人物誌に記録する）、トリマツ、イワキチの四人を案内人として選んでくれた。このため、お礼に酒二升渡した。

夜に、庄屋酒六の家に行った。庄屋酒六の家は和風で、床を張り、竈《かまど》、取水、流し、棚など全部和風であった。少しもアイヌの風習が残っていないように見えた。

また、柱には国泰寺の大般若経転読の木簡を張ってあった。ただ、女房の唇の黒い入れ墨と酒六の髭が伸びて、アイヌの風習を残しているようだった。

私（武四郎）に、鱈《たら》を煮て、碗に盛ってくれた。酒も出してくれた。そうこうしていると、明日からのアイヌの案内人トリマツとイワキチの二人を名主金太郎が連れてきた。和風化している庄屋酒六、名主金太郎と平との身分差がはっきりとしていた。これこそ、実に、帰俗の意味があることと思った。夜、会所に戻った。

（注）アイヌ民族の役職名

アイヌの役職名は、幕府の同化政策により進められた。特に、アイヌの統率者である役付きアイヌの改俗を奨励し、改俗したアイヌには役名を日本風に改め、名主までは裃《かみしも》、年寄、百姓代には羽織袴《はおりはかま》の着用を許した（高倉新一郎著『新版アイヌ政策史』要約引用）。

惣乙名→庄屋。脇乙名→惣名主。乙名→名主。

惣小使→惣年寄。小使→年寄。土産取→百姓代。

（注）庄屋酒六（アイヌ名・サケロク）

庄屋酒六のアイヌ名はサケロクという。父は厚岸場所交易所地元の大酋長サケモイという。名高い狩猟の達人で、交易所の仕事や漁業の合間に弓矢の稽古を積み、山に入ってヒグマや大ワシを射止め、後にはこれを仕事にしていたという。

あるとき、斜里方面から大ヒグマが山を越え釧路、根室の深山に入り込み、誰もこの大ヒグマを射止めることが出来なかった。

大酋長サケモイは、よい獲物とばかりに強い弓を作り、大きな矢を多く用意して、この大ヒグマを求めて深山に入って行った。ところが、サケモイは三十七歳で大ヒグマの餌食となってしまった。

一緒に行っていた従者が、命からがら立ち帰り、息子のサケロク（庄屋酒六）と弟のサンケトモの二人に知らせた。二人は数日分の食糧と槍、弓、矢を持ち、一家親戚に一生の別れを告げ、妻には、心ならずも暇を言い渡し、親の敵を討つため深山に入った。

二人は、ベカンベ山から根室領西別岳へと入り、一頭の大ヒグマに出会った。みごとに討ち取り、その腹を断ち割ると、中に、まだ、父の毛髪と思われるものが入っていた。これを取り出し、その場所に埋め、御墓を作って埋葬した。

仇を討った二人は無事家に戻り、平和に暮らした。それまで交易所の和人にお世辞を言い、へつらって生きてきたが、父が亡くなってからは、そのようなこともなく、正直に生きるようになった。

このため、交易所の和人たちは、二人がへつらってお世辞を言わないのが面白くなく、冷遇するようになった。そして、大酋長であった亡き父の役職に就かせず、兄のサケロクには、山での炭焼きを申しつけ、弟のサンケトモは漁場にやって、平のアイヌ同然に使役した。

そこで交易所で働いているアイヌの人たちは、二人が大酋長の息子でありながら、共に平のアイヌとして使役されていることを惜しみ、アイヌたち一同で交易所に、役職があるように懇願した。

その結果、弟のサンケトモだけを小使にとりたてた。弟は兄のサケロクが平のままで、自分が役に付けられたことを深く恥じた。自分の代わりに兄を取り立てて欲しいと、交易所に何度も願い出たが取り上げられず、五年ほどの歳月が過ぎた。

ところが、安政三（一八五六）年、厚岸場所交易所が松前藩領から幕府直轄になり、厚岸の駐在勤務になった箱館奉行調役、喜多野省吾が見廻りに来たとき、小使サンケトモが案内役となった。小使サンケトモは、和人たちのいないところに来ると、日本語で、これまでの一部始終を話し、何とかして自分を平にもどして、兄のサケロクに父の家名を継がせて戴きたいと、訴え懇願した。箱館奉行調役、喜多野省吾は、炭焼山のほうへ馬で行き、サケロクに会った。会ってみると、筋骨たくましく、才能に優れ、とうてい凡人とは思えぬ者であった。

この度の風俗改めの御処置を言い聞かせたところ、ためらわず、髪型を日本風に改め、着物の襟も右合わせに改めて、日本語で挨拶した。若いアイヌたちも尊敬していた。このため、サケロクを取り立て厚岸場所の大酋長として、一カ年に米十俵ずつ賜ることになった。

安政五（一八五八）年、その功績によって、サケロクを庄屋酒六と改名させた。この年、床張りの家を建て、そこに移り住んだという（松浦武四郎著『アイヌ人物誌』要約引用）。

（注）イコトイの子孫、名主金太郎

厚岸場所の会所地元の金太郎というアイヌは、幼い頃から弓矢を好み、十歳にもならないうちに、山中の猟に連れて行って欲しいとせがんだという。

また、檻の中に入っている熊を外に出して、取っ組み合って相撲のまねごとをしていた。熊もどういうわけか、この子供には少しも怒らず、楽しそうに遊んだ。

このため、松前藩の役人や会所の番人たちは、この子供を金太郎と仇名を付けて呼んでいた。それが通称となって、人別帳にも金太郎と記されるようになった。

金太郎の血筋は、寛政元（一七八九）年の千島択捉アイヌの反乱の際、日本側に味方した厚岸の酋長イコトイの孫にあたる。ところが、そのことを知りながら厚岸の会所では、金太郎を何の役職にも就けず、平のまま使っていた。

安政二（一八五五）年、来任した箱館奉行所支配調役、喜多野省吾は、『イコトイの子孫はどうしているか』と尋ねた。それに対して、厚岸場所の支配人は『イコトイの孫なる者は、放蕩無頼の男』と言い立てた。

喜多野省吾は『そのようであろうが、家柄の者ゆえ、呼び出すように』と命じた。支配人はさからうことができず、金太郎を漁場の番小屋から連れ出した。

金太郎は、庭に座って涙を流し、『幕府からのお役人と伺えば、なつかしく、ありがたく、何とも申し上げようもございません』と平伏した。

そこで、喜多野省吾は『それほどまでに、幕府の直轄をありがたく思うのであれば、この度の方針にしたがって、髪型を和風に改めよ』と云ったところ、金太郎は、ただちに、惜しげもなく月代《さかやき》（前頭部から頭頂部にかけて、髪を剃る江戸時代の髪型のこと）を剃り、鬚（あごひげ）を剃り、着物の襟も右合わせにして和風の風俗となった。

そして、言葉も日本語を使い、先祖代々のことを述べた。喜多野省吾はすっかり驚いて、『日本語をよく覚えているのに、それまで使わなかったのか』と聞いた。

金太郎はうやうやしく、地面に両手をついて、父や祖父から聞いた話を述べた。

『昔、霧多布にロシア船がやって来ました。また、択捉島、国後島などのアイヌに物を与えて手なずけたところ、最上徳内、近藤重蔵という御武家様が来て、このようにロシア人が多く来るようでは、蝦夷地を松前藩に任せておくのはよくないと云っていました。すると、五、六年もして、幕府直轄になったということです。

このたびも、五、七年ほど前から、今度は、アメリカ、イギリスなどの国の船が択捉島、国後島、または、厚岸にやって来て、私どもに酒を飲ませたり、餅をくれたりするようになりました。そこで、また、最上様のような方が、見廻りに来られると思っていました。江戸からお役人様が来られれば、きっと、昔の蝦夷の反乱などの時に味方したアイヌのことをお尋ねになると思っていました。

それで、三、四年ほど前から、番人に内緒で、日本語を稽古して、片仮名、平仮名も習っていました』と話した。

そして、和風の羽織を取り出して着た。また、家の中も和風にして、壁には国泰寺の大般若経のお札を貼って、朝夕、お茶を添えて拝んでいたという。

喜多野省吾は感心して、褒美として金太郎を厚岸の年寄役に取り立てたところ、ひじょうに実力を発揮し、見事に勤めた（松浦武四郎著『アイヌ人物誌』要約引用）。

（注）厚岸の国泰寺（国指定の史跡）

文化元（一八〇四）年に建立。厚岸町湾月町にある臨済宗のお寺。北海道では最古の歴史を持つ寺院である。有珠の善光寺、様似の等澍院《とうじゅいん》にならぶ蝦夷三官寺の一つである。目的は、仏事を通じて勤番の役人や漁民の定着、人心の安定を図ることであった。蝦夷奉行の願い出により、建立された。

教化の対象は、十勝、釧路、厚岸、根室、国後、択捉の六場所であった。昭和四十八（一九七三）年、国指定の史跡となる（北海道新聞社編『北海道大百科事典　上巻』要約引用）。

（注）日鑑記

厚岸町の国泰寺に伝わる江戸時代の寺務日誌。歴代の僧侶が書き継ぎ、三十六巻保存されている。

文化元（一八〇四）年、相模国（現・神奈川県）青山の光明寺住職文翁が、国泰寺住職として任命された時から記録が始まる。

文久三（一八六三）年、九代目の晦巖が厚岸を離任するまでの記録であり、内容は、国泰寺に赴任した僧侶の活動、勤務していた役人や漁民らとの接触、天候、地震などの天災地変、異国船来訪や季節行事などの記録である。

昭和三十四（一九五九）年、北海道指定有形文化財となる。複製本が厚岸町郷土資料館にある（北海道新聞社編『北海道大百科事典　下巻』要約引用）。

写真四　史跡・国泰寺跡

北海道内最古の寺院。有珠の善光寺、様似の等澍院とともに蝦夷三官寺の一つ。

文化元（一八〇四）年、役人や漁民の定着、人心の安定を図ることを目的に建立された。

四月二十二日（新暦・六月三日）

厚岸会所から霧多布へ

朝、六時半頃、舟の支度が整ったので、船場に行った。夷船《いせん》（蝦夷地で使われている船）に、鍋一枚、米五升、鉞《まさかり》一挺、キナ（むしろ、ゴザ・天幕として利用）三枚を積んであった。

そのため、『どうして船なのか。陸路で霧多布まで行くというのに』と聞くと、『ここから海岸まで岩場を歩き、レハクロモイというところまで行ける。それから先の藻散布、火散布の沼口は深く、そこを越すのは難しい。また、引き潮の時は浅くなるが、その辺は谷地が多く、ぬかって歩くのが難しい』という。

霧多布番屋から馬を使うので、用意してくれるように支配人に頼み、出航した。

時々、靄《もや》が吹いてきた。岸を離れてから、しばらくすると、右の方にノサウシ（ヌサウシ）が見えた。ここは厚岸会所前で、木幣が多く立っているところである。ヌサは『エナヲ（木幣）』のこと。ウシは『多い』の意味である。

左岸にトマリという地名があり、ここは厚岸会所前から勤番所の前浜までをいう。これは大きな船が停泊できる深い瀬があるので、その名が付けられている。

並んで、シユマヒラがある。ここまでは平らな磯浜である。ここからは『大岩が崩れ落ちている』ので、この名が付けられている。

最上徳内が建造した神明宮

上に台場がある。その上に、最上徳内が建造した神明宮がある。ここには、近藤守重（重蔵）の要請で、村上島之允の祝詞などがある神社である。神前に高橋次太夫の額がある。

今は、これを稲荷の神社としたので、本社神明ではなくなった。その後、旧文化として残ることは、正月、十六日に、獅子頭でゆっくりと舞い、鼻の高い面をかぶり、勤番所、会所などで神酒を奉る。祭りは、ただ、これだけである。

この神明も、今は、野ギツネのために、その殿社が奪われるという例えがあるように、歓びに堪えない。

この蝦夷島は、太古の民の蝦夷人（アイヌ民族）の島であるのに、悪賢い役人、悪賢い商人の手の中にあり、日々、鳥獣と同じような苛責にあい生涯を送ると思うと、涙が止まらない。

（注）最上徳内

宝暦五（一七五五）年〜天保七（一八三六）年。山形県の農家の出身。江戸時代の探検家。江戸で数学、天文、測量を学ぶ。国後島、択捉島、ウルップ（得撫）島など調査した。寛政十（一七九八）年、近藤重蔵と千島を調査。翌年、日高の様似山道の開削を担当した。『蝦夷草紙』、『続蝦夷草紙』を著している。また、通詞、上原熊次郎の『蝦夷方言藻汐草（最初のアイヌ語辞典）』の出版に協力した（北海道新聞社編『北海道大百科事典　下巻』要約引用）。

（注）神明宮

寛政三（一七九一）年、最上徳内が建造。寛政十（一七九八）年十月十日、近藤重蔵が修復した。

（注）近藤守重（重蔵）

近藤重蔵。号、正斎。明和八（一七七一）年～文政十二（一八二九）年。北方探検家。寛政十（一七九八）年、最上徳内を先導して択捉島に渡り、タンネモエの丘に「大日本恵登呂府」と記した国標をたてた。その帰途、十勝の広尾海岸の道が危険なので、ルベシベツからピタタヌンケに至る山道を開削した。幕府勘定役。書物奉行。大阪弓奉行など歴任。著書も蔵書も多かった（北海道新聞社編『北海道大百科事典　上巻』要約引用）。

（注）村上島之允

幕府の絵師。本名は秦檍丸《はたあおきまろ》。

（注）高橋次太夫

寛政十一（一七九九）年一月十六日、先手久松次郎組同心より小人目付として蝦夷地御用掛随従を申し渡された。享和三（一八〇三）年閏一月十九日、調役下役仰せつけられる。文化五（一八〇八）年、調役（旧支庁長格・現振興局長格）。

（注）勤番所

寛政期以降に蝦夷地の警備、場所請負人やアイヌ民族の取締まりのために、松前藩・津軽藩・

南部藩などにより、蝦夷地の各所に設置された。勤番所には、目付、医師、足軽などの人員が、適時、配置された。

勤番人とは、勤番所に詰合った人のことをいう（秋葉實編『松浦武四郎　知床紀行』要約引用）。

アイヌの乳母

さて、そこで可笑しなことがる。アイヌの人たちの純粋なことで、去る安政四（一八五七）年の春、厚岸詰合、調役下役の吉岡新太郎の妻が、双子を残して亡くなってしまった。そのため、養育するのが難しくなった。そこで、アイヌの乳がある妻に頼み、双子を育てた。

その後、吉岡新太郎は詰地を山越内（現・八雲町）に移った。その乳母も山越内に移った。その後、吉岡新太郎は、乳母に箱館を見物させるため、金三両（約一万八千文）を持たせて、一人のアイヌに案内させ箱館見物に行かせたところ、三日間も箱館市内を見物して歩いた。手遊物屋《モテアソビヤ》へ行き、一日中、その店の品物を見た。いろいろと見た後、乳母は、一つの獅子頭と鼻の高い面の二つを買って、山越内に戻って来た。

三両のお金の使い方を聞くと、二つの品物を出した。獅子頭は三百文の物で、面は四百文の品物であった。悪徳商人が二つの品物で三両も奪い取ったのだ。それで、『どうして、獅子頭と面を買ったのだ』と聞くと、『この品物は、正月に舞って、厚岸中の悪魔を祓う尊い物で、三両を払っても高くないと思った』と答えた。

厚岸会所の周辺

碗を伏せたような山がある。ハンノキ（赤楊・カバノキ科・落葉高木・湿った土地に生える）や曲がったカバの木が生えていた。ここをバラサンという。

この山に上り見渡すと、ホントウ、ヤマコベツからモウセウシ、センホウシ（仙鳳址）、大黒島、ホンモシリなど、そのまわり一面が見えた。

また、厚岸会所は眼下に見えた。実に千里一望の地である。ここに住む人は、月夜にその明るさを鑑賞でき、素晴らしいところである。

バラサンの意味は、昔、この山の上に四本の柱を建て、棚を作り、『魚を干した』ので、その名が付けられたという。実にこの山は不思議に感ずる。

そこを少し行くと、岬があった。廻って行くと、わずかな小石浜があり、ヲチヨッツヨロシヨフという名の小川があった。小川の意味は『したたり落ちる』という。小さな滝のようである。

また、少し岬の方へ行くとアエカツフがある。ここは大岩岬である。下から弓を射ると、上まで矢が届かないので、この名があり、アエカツフは『出来ない』という意味のようだ。

ここまで、厚岸会所から約四キロだそうだ。ここの岬はセンホウシのシレハと対している。陸を歩くときは、すべて、この辺の山の上を通るという。

前に、ホンモシリ（小大黒島）が見える。アエカツフから約二百メートル。周囲約一キロの丸い島である。ホンモシリとは『小島』という意味である。島の上はハンノキが多い。

また、並んで、モシリカ（大黒島）がある。周囲約四キロ、漁師の小屋がある。島の形は大黒天の頭のようなので、その名が付けられたという。モシリカは『島』の意味である。

その周りの東にラッコイソがあり、ここは、昔、ラッコ（海獺）が上がったので、その名が付けられたという。

それより少し北に、シユウヲマナイがある。昔、この磯に神の鍋が一枚あり、この名が付けられた。シユウは『鍋』、ヲマは『在る』という意味である。

延胡索《エンゴサク》の鎮痛薬

少し西へ廻るとホヌヌシというところがある。ここは上が平地で延胡索（地下の塊茎は鎮痛薬になる）が多いという。

そのため、アイヌの人たちが塊茎を掘りにやって来る。延胡索が多いので、座ったまま立たなくても掘れるほどあり、ホヌヌシは、そのような意味という。

並んで、ホンホヌシ、ウリルイモイがある。これは西の方にあるセンホウシ（仙鳳趾）の向こうになるという。この湾は『鵜の鳥（海鳥・ウ）が多く住んでいる』ので、この名が付けられたという。ウリルイは『鵜』のこと。モイは『湾』のことである。

鬼の伝説と鍾乳石

また、廻って南の方へ行くと、チコシキルがある。大岩があり絶壁に一つの大穴がある。その穴の中には、鍾乳石が多いという。

アイヌの人びとが云うのには、このモシリには、昔、鬼が何処からか、大船に乗ってここへ来て住んだ。この湾の入口に入ろうとしたとき、厚岸の山から多くの神たちが風を起こして、向こうへ吹き帰そうとした。その船はここで破れて、この島に着いたという。

その穴の中にいた鬼どもは、その穴から出入りして、上に上がり、人が来ると食べた。そのため、今は穴の口に柵を作り、人が入らないようにした。また、鬼が出てこないようにしてあるという。大変面白い話だと思った。

その柵は何時頃の物かと尋ねると、昔、カニカサニシパという人が柵を作ったと話した。このカニカサニシパという人は、近藤重蔵のことである。

カニカサニシパとは、『金の笠の貴人』という意味である。守重（重蔵）は、常に真鍮の打出し笠をかぶって歩いていた。そのため、名付けられたという。守重は、この穴の中の鍾乳石を、乱りに取ることがないように、保護するため柵を作ったと思われる。

（注）鍾乳石

鍾乳洞とは、石灰岩が雨水や地下水に溶かされてできた岸壁や地下の空洞をいう。鐘乳石とは、石灰分を溶かした地下水が、鍾乳洞の天井から垂れて作った、円錐状や地表の氷柱状の石灰岩をいう（集英社『国語辞典』）。

厚岸会所から船で行く

さて、南の海浜を東に行くと、大岩が段になっているヌカイサカイマフがある。また、並んでヲンネサカイマフがある。ここも前と同じく大岩が段になっているところである。

東岸のラツコイソへ行くと、山はすべてハンノキ、カバの木など屈曲して、不思議な風景である。

左の方へ海岸線を行くと、波が荒くなった。汐の道も良く、西風が吹き、帆を立てて進むと、船が小さいので幾度か危険なことがあった。

運を天に任せ、一つの岬、ツクシコエ（筑紫恋）を越えた。岩壁の上に陸路があるらしい。その地名は『窪地を通る』という。

並んで、大岩が海中に突きだしているアイニンカツフというところがあった。これもアイカツフと同名同意味であり、その地はまぎらわしい。

また、山は平らで、平磯のトコタン（床潭）というところがあった。この上に『小さな沼』があるので、名が付けられたという。本名はトウコタンと云うようだ。この沢には平地が少しある。

また、少し行くと山になる。インカルウシ岬の上は、見晴らしが良い。地名インカルウシとは、『方々を遠望できる』という意味のようである。

また、下るとキミセシユマ、正式名はリミミセシユマという。海岸には奇石、怪岩などがある。その岩、『手を打って、踊るように見える』ため、付けられたという。これには伝説があり、昔、判官様がここへ来たときに、この辺の者が喜んで踊り出した。その者たちが、岩になったと伝わっている。

並んでヒリカヲタがある。ここは砂浜で平地である。その『砂が美しい』ので、名付けられたという。砂浜をしばらく行く。この上のところに平山がある。その間に、フクシヤウシというところがある。

幌万別《ホヌマヘツ》

ホヌマヘツ（幌万別）、訛ってホロマヘツという。その意味、ホヌマは、『毛のように細い草がある（陰毛・ススキ）』という。

また、しばらく岬の上を行くとマヒロ（マウピロロ・末広）浜に出た。ここに小川があった。上は平山でハンノキの林である。昔、ここに船が着いたが、今は船も着けず番屋の跡が残っていた。

また、しばらく行くと、向こうの方にイモコムイ、ケニホキ、キイタツフ（霧多布）の島々が見えた。並んでホンマヒロ、ヲロクンネモイなどの険しい大岬で、平岩が崩れたところに、奇岩が集まっている。

岬を廻るとショチセンベ（ピショイチセウンペツ）があり、同じような岬が集まっている。その先はしばらくの間、磯浜になっている。

廻って行くと、幅が狭く深いカウシモイ（丸一浜）という湾がある。カウシとは『日が西へ廻らないと、奥まで日が当たらない』という意味である。

璃瑠瀾《リルワニ》

並んで、また、リルワニ（璃瑠瀾）という崖があり、この辺の海岸には、高い山があり、岩場は平らである。『高いところから道を下がる』という意味である。

また、少し行くと、岸にタンネクツという大岩の絶壁があり、およそ、二百メートルも長く続く。その岩は黒い。その黒い岩のところに、ひと筋の白い石が細長く引いたようになって、その状態は帯のように見える。タンネは『長い』、クツは『帯』の意味である。

また、しばらく過ぎると、ノツケアトイ（立岩）という岩の岬がある。『卵のようだ』という意味。ノツ（ク）とは『卵』。アトイとは『沖』の意味である。

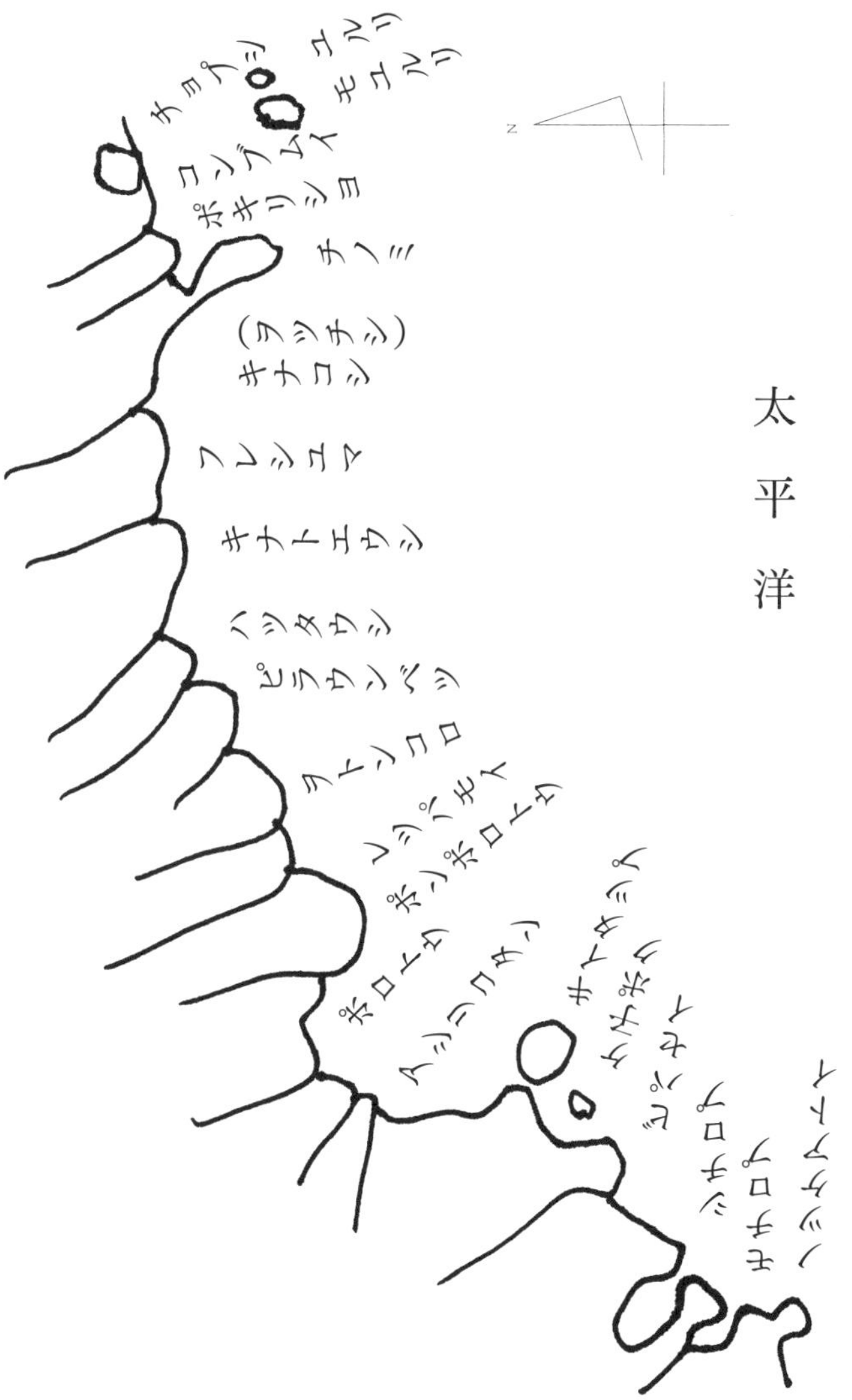

図版３　火散布→霧多布→初田牛→長節

藻散布《モチロツフ》、火散布《シチロツフ》

また、しばらく行くと、小さな岩湾のレハクロモイがある。ここまで、二日かかる。厚岸会所から陸を歩いた方がいいと思うが、これより先は、沼に河口があり、歩くのは難しい。厚岸会所からここまで、およそ、二十四キロあると思われる。陸路は上がったり下がったりで、約四十キロ以上になると聞いている。

また、並んでモチロツフ（藻散布）がある。ここは小さな湾になっている。河口には砂浜があり、上は谷地のような沼になって、ハンノキの林である。河口は深くて渡るのが難しい。

その地名は『昔、ここで鷲《ワシ》や鮫《サメ》などを獲り、商売にしていた老人が住んでいた』ことから、その名が付けられたという。

また、少し行くと、小さな岩の岬があり、そこを越えて行くと、昔の番屋跡があった。続いてシチロツフ（火散布）。河口はモチロツフより大きく上に沼がある。雪の頃は、氷を渡ってこの沼の会所の後ろへ行くことができる。シチロツフは、『大きいチロツフ』という意味である。

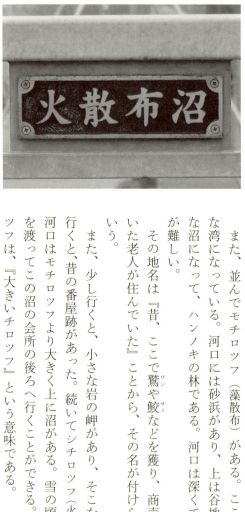

写真五　火散布沼

松浦武四郎は、厚岸会所から霧多布まで舟で行く。途中、火散布などの沼があり、周囲は湿地帯が取り巻き、太平洋に開く沼口は深いため、陸を歩かず、舟を利用した。

シナノキの皮、オヒョウの皮

砂浜を行くと、イヲロチロッフ（養老散布）がある。ここもまた、小沼に河口がある。この上の沼には、シナノキの皮、オヒョウの皮などを、水にうるかすところがある。そのため、イヲロ（うるかす）の名がある。

少し行って、小さな岩の岬を越えた。左は砂浜である。また、右の方にワタラチロッフ（渡散布）がある。ここに岩島が二つ並んでいる。周囲は約五、六百メートルである。ワタラは『岩島』などのことで、その名が付けられている。

左の砂浜をしばらく行くと、陸の彼方にワタラチロフヘツという川がある。その上に小さな谷地があり、ハンノキの林で薄暗いほど茂っていた。

そこに、漁師の小屋（三間×五間）、茅蔵（二間×六間）があった。ここから、小石の崖までしばらく歩いた。この辺の汐路《しおじ》（潮の満ち引き）は、かなり強かった。

（注）シナノキの皮、オヒョウの皮

シナノキはシナノキ科の落葉高木。シナノキの花はハチミツの元になる代表的な花である。割バシなどの材料であり、観光地の熊の木彫りの材料として利用され、この木の皮の繊維から布やナワが作られた（朝日新聞社編『北方植物園』要約引用）。

オヒョウは、ニレ科の落葉高木。立木のオヒョウの皮を、幅、二十センチぐらい一気に上に向かって剥ぎ取る。その場で外皮と内皮に分け、繊維にする内皮だけを持ち帰る。

アイヌ民族は木の皮の繊維で糸を作り、布を織った。その布で着物を作る。オヒョウの糸とイラクサの繊維を組み合わせて布を織り、縦縞模様などを作る工夫もした（佐々木利和著『アイヌの工芸』要約引用）。

琵琶瀬《ビワセ》

そのまま行くとビワセ（琵琶瀬）がある。今、このワタラチロップ（渡散布）の番屋をビワセの番屋という。地名はビバセーである。ビバセーは『川貝、沼貝』のことである。ここは川貝、沼貝が多いので、その名が付けられた。

また、行くと、満潮時に島となるイモコモイがある。ここは、昔、一つの島だったという。周囲は四キロほどある。満潮の時は、陸から三十六メートルの距離になるが、今は陸地へ続き、出岬も同じようになっている。その岬は平山で上にハンノキが少し茂っている。その陸の方にひと筋の道がある。アシリコタンからビワセの番屋への通路である。

私（武四郎）たちは、ここで夕方になり、満潮時の汐路となったので沖を見ると、この岬は一つの島となって見えた。この島の南岬をメヲクルという。これはイモコモイの島の南の岬、険しく一つの岬が突き出ていた。

また、これより右の方を見ると、キイタツフモシリ、左は湾になっている。その間は良い船着き場である。ただし、浅いようだ。五、六百メートル廻るとキモエがある。これはイモコモイの東の岬である。奇怪な岩石が集まっている。その奥は一つの湾になっている。

（注）藻散布等の地名

西方から東方へ。藻散布→火散布→養老散布→渡散布

峰暮帰島《ケネボク》

並んで、その沖の方にケネボク（峰暮帰島）がある。これはフシワタラの並びで、周囲、およそ四、五キロ。ハンノキが多いので、この名が付けられている。

また、その陸の方の浜の上は、谷地になっている。ハンノキが多く、その奥はトドマツの原である。その山の後ろには元の会所があり、その後ろに炭焼山があるという。雪道の状態の良いときは、ホントウまで一日で行ける。

前に、一つの岩島、ブシワタラ（小島）がある。キイタツフモシリの西にある。奇怪の岩石が集まって一つの島となっている。その意味は、『大岩が割れ、二つある』という。

また、並んで、無名の島（ゴメ島）が一つある。これも奇岩、怪石で一つの島となっている。

（注）ムツゴロウが住んだ島

昭和四十六（一九七一）年、嶮暮帰島は、動物作家、畑正憲氏が、一年間住んだことのある島で有名である。

その後、対岸の浜中町や中標津町に住み、動物など飼育し、ムツゴロウ動物王国を開園した。テレビに出演し、エッセイなどを世に送った。

霧多布《キイタツフ》

また、並んで、周囲八キロほどのキイタツフ（霧多布）があり、周囲は平岩で、その上は平地である。樹木が少しある。北岸に少し砂浜がある。

ここは、ホキシヤリベツの岬と対にして海口を開いている。その幅は、およそ、三百六十メートルある。干潮の時は大きな船が通りずらい。また、小さな船といえども、汐の干満によって通れないこともあるという。

その意味は『矢の柄に使うカヤがある』という。キイは『蘆荻・アシとオギ』のことであり、また、一説には『キツネが踊る』ということも、古くから伝えられている。

この島の北側に、少し砂浜があり、ハエキシヤニがある。浜中と対して美しいところである。また、南に廻ると、一つの湾、小さな砂浜のトウブツ（湯沸）がある。その両岸は高い岩が集まっている。また、南にはシレトエという一つの大岩の出岬がある。

写真六　霧多布・嶮暮帰島《けんぼっきとう》

霧多布は車で行くと大橋があり、太平洋に突き出た半島のように見える。石油スタンドで働く人が島と教えてくれた。その霧多布島の西端高台から西方の島々を写した。

手前の小島には名称が無く、後方の長く平らな台地の島が嶮暮帰島である。周囲四・五キロ、面積七十一ヘクタール、標高五十九メートルの台地である。現在、無人島である。動物作家、ムツゴロウこと畑正憲さんが一年間住んだことがある。

これより、また、東へ廻ると沖に一つの岩島がある。エタシベエソウ（黒岩）という。大岩が重なり合って一つの島になっている。エタシべは『海馬・トド』のことで、エソウは『岩島』のことである。

そこから約百メートル隔てたところに、小岩島のグヤ（白岩・帆掛岩）がある。この二つの島は、昔、厚岸アイヌの海馬《トド》漁場であった。今はアイヌの人たちも減ったので誰も来る者がいないという。

さて、これより本島の東岸大岩の崖を廻り、東から中に入った。番屋一棟（三間×五間）、茅蔵一棟（三間×五間）がある。ここは以前、相当の漁場で建物もあるが、近年、不漁が続き、アイヌの人たちも多くはアシリコタンへ帰ってしまった。このところ、小鯡《こにしん》、コマイ（氷下魚・寒海）だけになり、サケはわずかになってしまった。

暮帰別《ホキシラリヘツ》

チクシという砂浜がある。ここから狭い海峡を横切ると、向こう岸にホキシラリヘツ（暮帰別）がある。ここは陸の岬とキイタツフの陸の砂先と向かいあっているところである。

ここに細い流れがある。上に谷地があり、トドマツの立木がある。この辺はホッキ貝が多い。その殻が集まって浜一面に広がっている。そのため、『ホッキの殻で、小石の原のようになっている川』という意味である。

また、浜を行くと、シリシユツ（浜中）がある。ここはホキシラリヘツ（暮帰別）よりシリシユツサキまで、およそ、六キロも平砂浜になっているため、その名がつけられているという。海岸は小さな砂で、その上には谷地が多い。また、その上の山にはトドマツの立ち木がある。近頃、ここにキイタツフ、また、アキロフなどの番屋を引き払い、漁場を開き、春小鯡《はるこにしん》、コマイ漁始め、秋味《あきあじ》（鮭）漁をするまで出稼ぎをしているという。よつて、そのところをアシリコタン（浜中町）と云う。アシリは『新しい』、コタンは『村』の意味である。

番屋二棟（三間半×五間・五間×十二間）、茅家六棟・板蔵八棟・茅蔵十三棟がある。そこの漁夫はユウフツ（勇払）、サル（日高管内）の両場所のアイヌ民族を連れて来て、百人ずつ交代しながら働かせている。

（注）浜中の農作物栽培状況

天保（一八三〇～四四）年間に、大根、豌豆、大角豆《いんげん》、蕪菁《かぶ》などを栽培した記録がある（山本正編『近世蝦夷地農作物年表』）。

慈悲深い支配人

支配人は新兵衛。才能がありアイヌの人たちをよく働かせている。悪徳の商人は厚岸に置いて、実に憂えることが少ない。

りする。

一般的に請負人は支配人や番人を雇うが、アイヌを過酷に働かせ、慈愛、情けもなく、不道徳なことも行われる。アイヌ民族に対して辛苦を察し、慈愛の心を抱く者は、交代させられたりする。

新兵衛は道徳心があり三年の春を送った。私（武四郎）は、金太郎、酒六、酉松、岩吉を使い調査すると、この地で使われているアイヌの人たちは、番人たちを一人として悪く云う者はいなかった。サル（日高管内）のアイヌのうち、ヌカビラの乙名の倅、シウンクル三十六歳に聞くと、その世話は、実によく行き届いていると、別れ際に話した。

『すべて、山田屋の番人の親方のように、アイヌの人たちに憐れみを抱いてくれる人はいない。おそらく、この者は、我ら（アイヌの人たち）をこのように面倒を見てくれれば、やがて失敗する』というも、実に理にかなっているかも知れない。

近くに弁天社がある。飲用水は三百メートル離れたころの谷地の中にあり、奥の方に一つの平井戸がある。これから汲み出している。この池の水は、水質が悪く困っている。

番屋では、夜が、まだ、明けないうちから、月影で大漁を期待し網を引いていた。

（注）アイヌの人たちへの撫育

松前藩のこれまでの失態（寛政の蜂起など）で、寛政十一（一七九九）年に、幕府は蝦夷地を直轄経営した。文政四（一八二一）年、松前藩の復領を決定したことで、千島、樺太、蝦夷地一円を支配することになった。

幕府は松前藩に対して、これまでと同様、幕府と同じように、アイヌ民族の撫育（可愛がって大切に育てること）を図ること、辺境の防備を厳重にすることなどを指示した。

アイヌの人たちには、介抱（手厚く保護すること）を入念に心がけること。病気の時は薬を取らせるよう取計う。番人は病人の手当をする。不埒（思い上がること、高慢）な行為があるときは詰合へ申し出て、指示を受け仕置きをすること。食糧などは、翌年の漁業の時まで、十分に貯えさせることなど（『別海町百年史』要約引用）。

（注）蝦夷地の幕府直轄時代

寛政十一（一七九九）年から文政三（一八二〇）年までを第一次幕府直轄時代という。

安政二（一八五五）年から明治元（一八六八）年までを第二次幕府直轄時代という（北海道新聞社編『北海道大百科事典　下巻』要約引用）。

馬、三頭借りる

小舟でキイタツフの向岸からこの辺を見物する。今、キイタツフの南岸に行くのは、時間的に余裕があったからである。

二十一日は、夜になってからここに着いた。厚岸からここまでは、海岸四十キロぐらいと思う。リルランの道のなくなったところから、およそ、二十四キロと思われる。九時頃、陸から馬三頭を借りてきた。

四月二十三日（新暦・六月四日）
地震、小屋潰れる

朝の間、小雨が降る。霧のように立ちこめ、少しも先が見えない状況である。実に、この辺は、まだ、開けていないところである。

さて、これより馬に乗って出発する。およそ、二、三キロ、砂浜を行くと、険しい高い岩のあるシリシユツサキ（岬・後静）がある。色はみな赤く、海中に突き出ている。

ここを通ることが難しいため、幾重にも折れ曲がって続く坂道を通り、岬の上を越え、岬の陰の方に下った。この辺は、多少、草や樹木などがある。これより、およそ、十四キロの距離で、ノコヘリベツ（風連川支流）に行く山道があると聞いた。山に続く道の状態はよい。

シリシユツサキの地名は、『岬の出ているところを通らないで、その上を通る』という意味であるという。岬を下ると番屋の跡があった。また、浜を少し行くと、ヲワベキシユイの下である。

ここは、昔、地震があり、アイヌの人たちは皆この山の上に逃げた。『地震の揺れで、立っている小屋などは、潰れてしまった』ので、その名が付けられたそうだ。

また、小さな岬があり、その上を越えると、アチヤロフという小さな浜がある。アチヤロフは、昔、住んでいた老人たちが、『岩を的にして、矢を射り、楽しんだ』というので、その名が付けられたという。

番屋一棟（五間×十二間）、板蔵一棟（九尺×二間）、茅蔵二棟（三間半×七間・七間×二間半）がある。ここを越すと、また、少し行って上がる。上はカシワ、カバ、ハンノキの林で、奥にはトドマツが茂っていた。

ここからノコヘリベツ、また、アンネベツに十キロほどの山道がある。カシワの林の平地で、人馬も自由に通行できる。

チャシコツ（砦跡）

坂を下ると浅い谷間がある。そこにチャシコツ（砦跡）が一カ所ある。道の左は櫓《やぐら》の地形に似ている。細い川を下ると、ルイラン、ホロトウ（幌戸）の小川がある。その川の東に番屋がある。

番屋一棟（五間×十三間）、板蔵五棟、茅蔵六棟。そのホロトウは『大きい沼』という意味である。この川の上に『谷地、沼が一カ所ある』ので、その名が付けられたという。
七、八百メートル行くと浜になり、山の平地を廻ると、ホンホロトウ（奔幌戸）がある。川幅、およそ、三・六メートル。その上に『小さな谷地、沼がある』ので、その名が付けられた。
アシリコタンから、およそ、八キロの距離に、番屋一棟（四間×十一間半）、板蔵一棟（二間

×三間）、茅蔵二棟（四間×十一間・三間×七間）がある。

そこを越えて行くと、アイヌ民族の家が一軒あった。家主は弥五郎、妻エミカクシ、母ヲニサマツという。浜を少し行って、山の麓から坂を上った。上は平山でトドマツ、ハンノキ、カバの林である。

しばらく下ると、フユンエンルンという大岩の険しい岬がある。下ると小川がある。そこの浜は、幅が二百八十メートルぐらいあり、小さな丸い石がたくさんある。ここをウラヤコタンという。本名はヲライイネコタンである。最近まで番屋があった。この辺は鷲《わし》が多い。

ここを二、三百メートル行き、山へ上がると、レツハモエという岬がある。本名はレフンムイという。『沖の湾』という意味である。これから山の方へ行くと、カシワの林があり、ハンノキ、カバの木が多い。

また、この海岸には、大岩の険しい小さな岬が二つある。その間に砂浜があり、そこを過ぎると、小川が海岸の砂浜に流れるホンチエツフホフシがある。ホンは『小さな』、チエツフホフシは『鍋が沸き立つように、魚類が多い』という意味である。

また、平山をしばらく超えると、ホロチエツフホフシというところがある。小川があり、西岸へ流れ砂浜に出る。また、その海岸は険しい岩岸である。

（注）チャシコツ（砦跡）

チャシの意味は、一般的に「砦《とりで》」や「城」というように認識されているが、もとは「柵《さく》」、「柵囲い」の意味のアイヌ語である。「コツ」は「跡」の意味である（永田方正著『北海道蝦夷語地名解』）。河川、海、湖、沼などを望む丘陵や段丘の端、頂部、あるいは、先端部を利用して築造している。形状は地形に制約される場合が多く、方形、半円状の壕《ごう》、土壇《どだん》造りなどがある。十六世紀から十八世紀に構築されたと推定されている。

用途は、砦として防塞的なことよりも、壕によって区画された「一種の聖域」という見方もある。戦闘以外に「祭りの場」、「談合の場」、「見張り台」として利用された場合もある。地域や立地、築造された時期などにより一律に論じることは出来ないそうだ（北海道新聞社編『北海道大百科事典　下巻』要約引用）。

熊送り（イオマンテ）

そこを過ぎると、モエーレアトイ（貫人）、本名はモイレアトイ。ここへ下る。すべてレッハモイより、ここまでは海岸を通ることは難しいので、海岸の上の小道を通る。地名のモイレは『遅い』、アトイは『汐路を来る』という意味で、『汐の通るのが遅い』という意味のようである。

最近までここに番屋があった。この海岸、また、岬になり大岩が険しく難所というので、坂を上がった。そこを下ると砂浜の間に小川があり、エチャシトゥ（恵茶人）がある。

これより、チフラムイの岬まで、およそ、四キロぐらい砂浜で、歩きやすい平地である。昔、アイヌ民族の村があった。その頃、熊を祭り（アイヌ語でイオマンテという）で送るとき、この浜で熊を走らせたという。そのため、チャシは『走ること』をいう。

浜中に小川が二本ある。ここを越えるとウシシベツがある。上はカンゾウ、アヤメなどが生える沼谷地である。

また、浜を行く。そこをしばらく行くと小川がある。岩の岬の麓まで行き、曲がった坂道を上る。その岩の岬をしばらく下ると、チフラムイがある。ここは険しい出岬の間に、小さな湾がある。ここは良い船着き場で、上り船も下り船も休むため、その名が付けられたという。

また、曲がりくねった坂道を上がり、山の上から見ると、およそ、一キロの険しい岩壁の海岸がある。下って行くと、ヲワタラウシ（和田牛）がある。これも小さな湾で、両岸は険しい出岬になっている。ヲワタラは『立岩磯』という意味である。

（注）熊送り（イオマンテ・カムイオプニレ）

熊送り（祭り）は、アイヌ語でイオマンテという。熊の霊魂を神の国に送り帰す儀式。この儀式には、主に二通りがある。一つは、山で捕った熊を送る場合。もう一つは、飼育した仔熊を送る場合である。

地域によっては、成獣の熊を送る場合、「カムイオプニレ（旅立たせる）」といい、飼育した仔熊を送る場合を「イオマンテ（神を行かせる）」というように、分けている地域もある。

また、熊だけを神の元へ送るだけでなく、シマフクロウ、ワシ、タカ、キツネなども、神の元へ送ることもあるという（白老民族文化伝承保存財団『アイヌ文化の基礎知識』要約引用）。

初田牛《アフタウシ》

また、曲がりくねった坂道を上り、五、六百メートル下ると、アフタウシ（初田牛・厚床の南方）がある。ここは両岸が険しい岬で、その間に、丸い石がある小川がある。アフタは『魚を捕る鈎《かぎ》を作る』という意味である。『魚が多く釣れる』ので、その名が付けられたという。

また、曲がりくねった坂道を上がると、海岸に大岩壁が見える。五、六百メートル下ると砂浜がある。その上は小さな平地で、谷地になって小川がある。この浜をヲフネフ（沖根辺・槍を使う）という。小さな湾になっている。ヲフネフは『槍』のことである。『括《くび》れ槍（穂先の元がくびれ、獲物に刺さると抜けなくなっている）を使う』という意味である。

また、ここを越えて曲がりくねったところを上り、山に行くと、ここの下に岩壁がある。下るとチシヤシラエッフがある。ここは小さな湾になっている。両岸は険しい岩の岬で、その間に小川がある。地名は『川を走りながら魚をすくえる』という意味である。

また、岬がある。曲がった道を上り、下ると砂浜があり、小川がある。ここからヲツチシ（落石）まで、浜を行くことができる。

キナトウベウシというところがあり、ここの上は谷地になっている。ヤレンキナ（植物・ヤラメスゲ）という、編んで敷物にする草があるので、その名が付けられたという。

赤い岩《フウレシユマ》

並んで、フウレシユマがある。砂浜で畳を敷いたような平地である。この辺の上も平地である。大きな赤岩がある。よつて、その名が付けられたという。フウレは『赤い』、シユマは『岩』の意味であるという。

ここから小道、谷地道が多い。十六キロほど行ったところに、本街道、カモエノミウシ（姉別川口）へ行く道があるという。

カシワの立木が多い。根室からアッウシヘッに馬を廻すとき、この道を通るという。浜の道は谷地で道がないと聞いた。

平砂浜からヲッチシまで四キロ、畳の上を歩くような良い道である。ホロンタイ（銛で魚を取る）があり、小川がある。上に谷地がある。この川は魚が多い。川で『括槍で魚が捕れる』という意味であるという。

同じく浜を行くと、アラベヲマナイ（水無川）という小川がある。上に谷地がある。その意味は『野があり、小川があるが水がない』という意味である。また、そこを越えて行くと、丘の方に平山がある。

馬で落石へ

小さな浜があり、岬のようになっているという意味のホンウエンシリがある。馬を走らせヲツチシ（落石）まで行く。ここは岩の出岬になっている。湾は砂浜であり、岬は大岩である。図合船が停泊し易い。

番屋一棟（四間×十五間）、板蔵一棟（一間半×二間）、茅蔵二棟（四間×七間・七間×八間）がある。しばらく漁業に使用していない様子で、屋根も朽ち腐れ、ただ、家の柱が残っていた。アシリコタンより、ここまで、およそ、三十二キロの距離と思われる。まだ、午後四時半頃であるが、ここで夕食にして、宿泊することにした。

上にアイヌの小屋が一軒あった。家主はニシハラクという。妻はチヤワシノ。この者、元々、釧路の者であるが、ここに若いとき逃げてきたという。根室の女性と住み、まったく、厚岸で働こうとしない。根室へ来た頃の家は、空家で腐って、ただ、形だけが残っていた。

厚岸は大場所であり、近年、アイヌの人たちの働き手も減少しているため、この者は、それなりに働きそうなものであるが、一向に、そのような様子がない。

この辺には、延胡索《エンゴサク》（塊茎は鎮痛剤になる）があり、また、黒百合もそろそろ咲く頃である。

写真七　落石港

四月二十三日(新暦・六月四日)、松浦武四郎は馬に乗り、霧多布のアシリコタン（浜中）を出発した。海岸線の奔幌戸《ぼんぼると》、貰人《もらいと》、恵茶人《えちゃひと》、初田牛《はったうし》を通り、落石に着いた。

落石の湾を見て、図合船が碇泊し易いと記録している。アシリコタンから落石までは、約三十二キロを馬に乗り旅した。

（注）図合船《ずあいぶね》

船幅、二メートル前後の船。荷物の運搬に使われる船。伝馬船ともいう（秋葉實編著『松浦武四郎　知床紀行』要約引用）。

四月二十四日（新暦・六月五日）

カムイノミ（神事）

朝、靄《もや》が深く、遠くが見えないため、アイヌ民族の酒六と金太郎の二人を連れて、大岩の上を渡って海岸に行った。トリマツとイワキチの二人は馬を牽いて、坂道を上がった。険しい岩壁の下に、小さな丸い石がたくさんある浜をしばらく歩いた。アフラモエは険しい岩の岬のため、下は通れないので、上に上り、小さなササの原を歩いた。

しばらく行くと、同じく険しい出岬のカエワタラがあり、また、その上を越えて廻った。レタリヲタは、幅三十六メートルほどの湾である。そこに小さな砂浜がある。その浜は白砂のため、レタリヲタという。レタリは『白い』、ヲタは『砂』の意味である。

また、岬がある。その上を廻るとノツノシケヲマフ、チノミなど、みんな海面から険しい絶壁になっている。チは『我』、ノミは『祈る』の意味。

ここでカムイノミ（アイヌ語で神事をいう）をするため、その名が付けられているという。古い木幣（アイヌ語ではイナウという）が立てられていた。チノミウイノミが転じたのだろうか。

イノミは『祭りをする』の意味である。

同じく険しい岩壁の上を歩くと、ウエニがある。これより海岸は、小さな丸い石の浜となり、内に入り七、八百メートル過ぎると、また、一つの岬がある。トムエという。その湾、沼のようにない波がないため、その名が付けられたという。『沼のような湾』という意味である。

岬を越え、丸い小石のあるホキリショ（アザラシ磯・暮霧磯）というところに出た。本名はホキリイショである。ホキリは『水豹《アザラシ》（アイヌ語でトッカリという）』のこと。ショはイソウの詰まった言葉である。ここには最近まで漁場があったが、今はない。上の道から、このところに下る。海岸は、およそ、六キロぐらいと思う。

ヲツチシ（落石）から陸を歩くと、小さな沼ある。周囲は、およそ、一キロ。蘆荻（アシとオギ）が一面に生えている。その南岸を越え、平地をしばらく下ると、陸の道、およそ、八百メートルがある。

ここから、また、赤土が崩れている下を行くと、七、八百メートルのところに、曲がりくねった道があり、そこを上ると、平らなササ原に出る。ここを二百メートルほど行くと、海岸に一つの出岬がある。大岩壁になっている。

鮫の油

そこを下るとシユシユムシ（瀬臥牛）があり、小さな湾になっている。シユシユムシはシユムウシの訛りである。昔、そこで鮫の油を取っていた。ここの『鮫の油は多かった』ので、その名が付けられたという。

山の端には、番屋が一棟（三間×八間）、茅蔵一棟がある。そこを行くと小川がある。また、その向こうから曲がった道を少し上がると、上はカバの木が少しあり、奥の方はトドマツの林となっていた。

ここの海岸は険しい岩壁で道はない。二百メートルほど下るとコンフムイ（昆布盛）があり、ここの南に一つの岩岬がある。小さな湾がある。コンフムイはコンフウシムイという。『昆布が多く取れる』ので、その名が付けられたという。

番屋一棟（三間×七間）、板蔵一棟（三間×七間）、茅蔵一棟（三間×六間）、小休所（二間×四間）がある。ここはサケ漁の番屋である。

根室、厚岸の境標

ここから砂浜の道は状況がいい。馬を走らせて行くと、およそ、四キロ行くと小川が二本あった。ヲタノシケヲマフがあり、これは『砂浜の中程にある』という名である。ヲタは『砂』、ノシケは『中程』、ヲマフは『ある』という意味であるという。

そこを過ぎると、また、砂浜になる。また、しばらく行くとチヨブシ（長節）があり、わずかな坂があった。これより、また、上がると、およそ、五、六百メートルもササ原があり、そこを馬に乗って行った。根室と厚岸の境標があった。

この海岸は、また、一つの岬があり、チヨフシサキという。大きな岬である。海岸はこの岬で境としている。馬を止め、しばらく、その海面を眺めた。

ユルリ島、モユルリ島

海上、おおよそ八キロでユルリ（緩島）がある。周囲は、およそ、八キロという。その島の周りは岩や磯で、崖の上は平地である。草原の中に、ハンノキが少しあるだけである。

並んで、モユルリ（母緩島）がある。周囲、およそ、四キロである。共に平島である。昔、アツケシのアイヌ民族がトドやアザラシを捕る猟場だった。

また、それより、海上、およそ、一・八キロを隔てた東に、キナシユワヲマフ（鴨島）、エタシヘエシリ（蟹島）などの大岩があり、一つの島となっている。ここにもトドやアザラシが多いと聞いた。この辺は左右に暗礁が多い。

さて、今朝、出発の時、小雨のような濃い靄《もや》のため、百メートルも前を見ることができなかった。今は清々しく晴れて方々を見渡せる。この辺の靄は一つの島の半分を隠し、また、その半分の島の姿を見せるようだ。

小雨のような深い靄は、風が吹いても見えたり隠れたりしない。他では見られない濃い靄である。

火を焚き、しばらく休んで昼食にした。そして、出発した。この辺は、おそらく、ホロトウの後ろ当たりになる。

（注）ユルリ島（緩島）、モユルリ島（母緩島）

ユルリ島は、根室市花咲岬の南方、約七・五キロの距離にある。昆布盛からは二・六キロの距離にある。周囲七キロ、標高四十三メートル。島の周囲は断崖絶壁。

昭和三十八（一九六三）年にユルリ・モユルリ島海鳥繁殖地として北海道の天然記念物に指定されている（北海道新聞社編『北海道大百科事典　下巻』要約引用）。

編者は、昭和四十六年の秋、五人でユルリ島に上陸したことがある。昆布盛から船に乗り、ユルリ島に上陸した。船着き場から断崖を上ると、最近まで使用していた漁師の無人番屋があった。番屋の中にあった備え付けのストーブで、体を暖め休憩した。

ユルリ島は、四十数メートルの台地状になっており、草原には野生化した馬、三十数頭が放牧されていた。かつて、漁師が昆布を台地に上げ、自然乾燥するときに使用した馬の子孫である。草原を散策すると、久しぶりに見た人間に、遠くにいた馬たちが近寄ってきた。懐かしかったのであろう。

以前、持ち主の漁師の高齢化に伴い、雄馬を間引きしたこともあり、現在は、数頭に減ってしまったという。

最近のニュースとして、次のような記事があったので紹介する。

根室市の市民団体「根室・落石地区と幻の島ユルリを考える会」では、「馬、花、野鳥がいるユルリ島の魅力」が途切れないように、寄付を募って、ドサンコ馬、雄一頭、雌二頭の合計三頭を購入して、ユルリ島に放牧した（二〇一八年一〇月二三日付、北海道新聞　要約引用）。

また、モユルリ島では、かつて、毛皮の乱獲により、絶滅寸前になったラッコ（海獺・イタチ科）の親子が、生息していることを報道している（二〇一八年一一月一八日付、北海道新聞　要約引用）。

第二章

戊午　能都之也布日誌　巻の下

松浦武四郎著

戊午　能都之也布日誌　巻の下　安政五（一八五八）年

四月二十四日（新暦・六月五日）

長節で昼食

境目のチョウフシ（長節）で昼ご飯を食べ、背丈の低いササ原をしばらく下った。曲がりくねった道を下ると砂浜に出た。右にチョフシサキがあり、険しい岩の先である。左は砂浜で、その上に谷地がある。そこから流れる小川をヲッカヘベッという。正しくはウカエヘツである。ウカエは『背負川』の意味である。また、一説にはホツカイヘツともいう。この辺は『ホッキ貝が多い』ので、その名が付けられたそうだ。

また、しばらく行くと、砂浜に小川があった。その上は、谷地になっている。谷地には蘆荻（アシとオギ）が多く茂っていた。

食土、珪藻土

ヲホサツナイ（川尻・乾く・沢）がある。この上にチエトイ（食土・珪藻土）という食土があるという。この近くに、一軒の草葺きの小屋があり、朽ちていた。

花咲番屋に着く

また、砂浜をしばらく行くと、ハナサキ（花咲）番屋に着いた。その地形はチョフシ（長節）と、このハナサキのノッというところに対して、一つの小さな湾になっている。船着き場も良い。後ろは、みな平山で小さなササ原である。

ハナサキは和語で『鼻崎（現在、花咲）』と書く。番屋一棟（六間×十二間）、茅屋は半分朽ちている。前には、去年建てた柾屋根の休憩所が一つあった。ここは根室から役人たちが見回りに来た時に、休むところである。

花咲は、最近まで漁があったところである。板蔵二棟、二階蔵二棟、雑蔵一棟、弁天社などがある。

漁師は、最近、不漁となったので、ホニヲイ（穂香）へ移動した。また、最近、色丹島に移ったアイヌの人たちが、ホニヲイに引っ越して来て住んでいるが、この漁師も、今年、根室へ移ったという。実に寂しい漁場になってしまった。

根室会所まで八キロ

また、前に標柱が一本立っている。ここから根室会所まで八キロ。モエンルンまで十二キロ。境目のチョウフシまで、三・二キロと記してある。

まだ、午後三時半ぐらいであるが、これより先の地名や方位も分からないので、私（武四郎）

写真八　花咲港

四月二十四日（新暦・六月五日）、松浦武四郎は、花咲港の後ろの丘、短いササ藪の中を歩いたのであろう。

現在、花咲港はサケ、マス、サンマ漁などの北方海域での漁業基地となっている。秋になると花咲カニの販売やカニ汁の店が開店し観光客でにぎわう。

たちは、ここで宿泊することにした。金太郎は馬で根室へ行って、アイヌの案内人を連れて来ることにした。

当所から根室会所まで八キロの道程である。谷地が少しある。平地で歩きやすい。カバの木、カシワ、ハンノキの林である。

夜になって、金太郎が根室会所の番人、仙之助、惣乙名チンペイ（陳平）を連れて来た。詰合の調役下役出役、近藤善之丞からの書状を持ってきた。

根室会所からは、酒五升、米、野菜などを持ってきた。そのため、夜になってからカムイノミ（神事、神に祈る）を行い、明日からの旅の安全を祈った。

四月二十五日（新暦・六月六日）ササ原を馬で行く

夜が、まだ、明けないうちに起きた。支度をして、番人の仙之助、庄屋酒六、岩吉の三人を直ちに根室へ行かせた。私（武四郎）は、金太郎、チンペイ、トリマツの三人を連れて、後ろにある山に上った。そして、背丈の低いササの原を四人で馬に乗り、東北東の方へ走らせた。

その下の海岸線には、ノツ（岬）、ホロノツがあり、最近までマス漁の番屋があった。今はない。大岩が険しく突きだしていた。ユルリ島、モユルリ島も、この先から、およそ、六キロぐらいと思われる。

背丈の低いササの原を過ぎると、カヤ野原があった。ここを二キロほど行くと、道のない山の上から曲がりながら下った。ここはクワの木が多かった。

そこを下りると、ヲワタラウシという小川があった。その両岸は谷地、奥はみなトドマツの林である。浜には小石があった。左右の岬は、大岩で険しく高い。ここは海に突出しているので、その名が付けられたという。

大穴があった。そこを越えると山が平らになり、三百メートルほど道を行く。ヲワタラウシモイという岬の上の平らなところを約二キロ行き、下がるとカンサラムイに出る。ここは両岸が険しく壁が立っているような小さな湾である。その岩壁には岩窟が多い。カンサラとは、カンチャロの訛りである。ムイは『湾』のことで、『大口の湾』という意味である。

刺繍の模様を砂に書く

ここから砂浜に行くと、向かいの方にトヘトマエの岬がある。遠望すると、きわめて妙なところである。左は平地で広い。ここから、およそ、六キロも砂浜である。しばらく行くと、エヌエウシという小川がある。上に周囲五百メートルぐらいの沼がある。そこから水が流れている。この辺は砂地である。その地名は、『砂が硬く、文字を書くとなかなか消えずらい』という意味である。エヌエは『刺繍』の意味。ウシは『多い』という意味である。アイヌの人たちは『書く』を『エヌ』という。

その名の始まりは、アイヌの女の子供たちが、アッシ（ニレ皮の着物）の刺繍の雷光の紋様を砂に書き、手習いをすることから、名付けられているそうだ。

熊にカモを取られる

少し行くと標識が有り、花咲まで五・二キロ、ノッシャフまで六・三キロという。ナンブトウ（南部沼）という小川がある。この上に谷地が一つある。

ナンフは和語で『南部』という。トウは『沼』である。この地では、他方から稼ぎに来る者をその国の名で呼ぶ。例えば、『南部の兄、津軽の爺』などと呼ぶ。根室に稼ぎに来た南部の

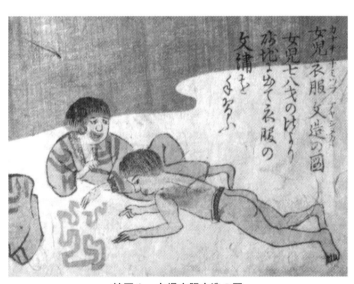

絵図１　女児衣服文造の図
女の子、七・八歳のころより砂地にて、衣服の刺繍の手習をする
（松浦武四郎『蝦夷漫画』）

者が、昔、カモを捕って置いたところ、熊に取られてしまった。そのため、その名が付けられたという。

また、しばらく北に行くと、アンネトウ(丹根沼)という沼がある。周囲一・五キロぐらいある。アンネは『細長く尖っている』ことをいう。この沼、『細長く尖っている』ことから、その名が付けられている。

ヲンネトーヘッ(湯根沼)という小川がある。上に谷地がある。その上に沼があるので、谷地が広がっている。ヲンネは『大きい』、トウヘッは『沼、川』の意味である。

また、砂浜をしばらく行くと、トヘトマイという小川がある。正式にはトヘッヲマイということ。五、六十年前、この海岸にイワシ(ニシンの仲間)の大群がやって来たので、漁師の番屋があった。今はない。ここを越えて坂を上がると、野道になっていた。

友知島《トモシリ》

また、ここから右の海岸を見ると、一つの岬がある。トモシリウシノッ(友知岬)という。これはトモシリウシに近いので、その名が付いている。平岩の出岬である。

この先のヲワタラウシノッと対するので、カンチヤロムイの名となっている。海上一キロほどのところに、トモシリ(友知島)という周囲一・五キロぐらいの島が二つある。

その意味は、トツフモシリ（二つの友知島）からの転じた名である。トツフは『二つ』、モシリは『島』の意味である。平山で岸はみな岩である。

また、野道をしばらく行くと、その辺はハンノキ、カバの木の林になっていた。しばらく行くと、大岩があり、平らなところのそばを下っているポプケチセウンペという小川がある。その意味は、南向きの地形で、『南風が吹き、温かい』ので、その名が付けられているという。ポプケは『温かい』、チセは『家』、ウンペは『あるところ』という意味。

並んで、約六十メートルのところにヲピネペツ（沖根布・永田地名解では、大いなる川尻）がある。略してヲヒネフという。その意味は分からない。小川があった。上はカヤ野原であり、ハンノキが生えている。

再び、平原をしばらく行くと、目の前に一つの岩の島が見えた。さらに行くと、ヲケネベツ（沖根辺）という小川があった。この上の野原は、ハンノキの原である。

しばらく行くと、小石原の上に、たくさんの昆布を干しているところがあった。また、しばらく行くと、そこにシニウシというところがあり、そこで昼食にした。

シニは『休む』の意味。また、一説には、山の片方に二つの大きい穴があり、目のようなので、その名が付けられたという。最近まで、昆布取り小屋があったそうだ。まだ、早い時間だったが、ここで昼食にした。

鯨の腰の骨

また、しばらく行き、岬の上を越し、下った。岬の東にフンベケウニという小川があった。この辺はカヤ野原で、ハンノキ、カバなどが生えていた。強い潮風に吹かれて生育した木々は珍しい形状である。フンベは『鯨《くじら》』、ケウニは『腰の骨』のことである。その昔、『鯨の腰の骨が浜に打ち寄せられた』ことから、その名が付けられたという。

また、しばらく行くと、フラリムイ（婦羅理）がある。ここは小石の磯で、昆布が多く寄せてきて腐ってしまった。そのため、その臭いが甚だしく、『悪臭を漂わせた』ので、その名が付けられたという。フラリは『悪臭』、ムイは『湾』であり、『悪臭のある湾』という意味である。

その上に一カ所、チャシコツ（城跡）がある。高さ十メートルの海岸があり、その岸の小川の上にチャシコツがあった。その近辺には竪穴の跡がある。

その小川を超えて、五、六百メートル行くと、少し坂道になっており、この野道を行く。岬がある。この岬は、『尻が陸に凹んで、付根が低く島のように見える』ので、ヲヤコツという。岬の形は、象の形の島のように見える。その上は城櫓《しろやぐら》の台のように突き出している。

ヲヤコツとは、『別の地面屋敷』という意味である。昔、チャシコツに居住するアイヌ民族の別邸とのことである。

図版４　花咲→納沙布岬→ノツカマフ→根室会所

歯舞《ハホマエ》

また、その前に二つの島がある。ハホマエモシリとニヨマエモシリである。ともに、周囲五、六百メートルぐらいで、海岸から約一キロぐらい隔てて突きだしている。

ハホマエ（歯舞）とは『息を止めて噴き出す』という意味で、ニヨマエはイソマエの訛りである。『大岩礎がある』ので、その名が付けられたという。

また、その道をしばらく行くと、下はみな崖になっている。そのため、通ることができない。野道を行くと、マカヨシレトがある。険しい太い岩の岬である。

ここは『蕗《ふき》が多く、フキノトウがある』ので、この名が付けられたという。マカヨウシシレトの略語である。この辺の奥は、ハンノキ、カバの木が多く、その後ろ、半島の北側にトウシヤムがある。

琣瑶瑁《コヨマエ》

また、しばらく行くと、コヨマエ（琣瑶瑁）がある。この辺の海岸は険しい岩壁である。その下は、ゴロゴロとした岩である。『海から打ち寄せる波が荒い』ので、その名が付けられたという。コヨはコイの訛りで、『波浪の音』、マエは『ある』という意味である。

また、この前にカバブケモシリ（琣瑶瑁島）という島がある。カバブケは『低いため、波をかぶる』という意味である。周囲、およそ、七百メートル。石の多い磯である。

同じく、野道をしばらく行くと、海岸が崖になっていた。そこをトリトエウシという。ここの奥はハンノキが多い。トリトエとは、アイヌ民族の小屋の『樽木《たるき》（小屋の骨組みに等間隔に用いる細い角材）に使う木』という意味である。これが多いので、その名が付けられたという。その上はカヤ野原である。

しばらく行くと、コテーエエイソがある。前と同じように岩が平らで磯となっている。ここは小さな湾になっている。夜、鵜《う》を捕りに行くと、この辺の磯では、たやすく多くの鵜を捕まえることができた。

一説には、『足を大きく広げ、腰を伸ばしたような石がある』ので、その名があるという。

納沙布岬《ノッシャフ》

この辺に来ると靄《もや》が深かった。カヤ野原の少し上に谷地があり、樹木が一株もなかった。

また、崖の上を五、六百メートル行くと、東の海に突き出ているノッシャフ（納沙布）岬がある。ここは船が通る東の岬である。

岩石は険しく長く尾のようになっている。およ

写真九　納沙布岬

根室半島の東端。松浦武四郎は、四月二十五日（新暦・六月六日）に、納沙布岬を訪れた。

この日は、靄が深く、風が吹き、寒かったので、カヤを集め岩間で燃やして体を暖めたという。天気が良く晴れた日には、貝殻島や水晶島が見える。

そ、三、四百メートルも沖に飛び石のように連なっている。それより先は暗礁がある。また、一キロ以上も沖に出ると、風が強く波が荒くなる。

ノッシャフはすべて岩の岬のことをいう。その意味は、遠くから来る者も、必ず、ここに行き着き、『四方を眺めることができる』ので、その名が付けられているという。

前に標柱がある。それによると、ノッカマフまで四・一キロと記してある。ここで木を削り、木幣を作ってカムイノミ（神に祈る）を行う。

周囲から風が吹くため寒く、留まるのが難しかった。そのため、火を焚き暖まろうとしたが、燃やす薪がなかった。周囲を見渡すとカヤがあったので、岩間に集めて燃やし、しばらく体を暖めた。

海上を見渡した。ここをヌサウシイソという。アイヌ民族の『食糧が多い』ため、その名が付けられている。また、鯨の骨が多く集められている。そのため、木を削って作った木幣に、大明神と書いて奉納した。

水晶島《スイシヤウ》

近くも見えないほどの小雨のような靄《もや》が、立ちこめていた。晴れまから海上を見た。すると、北寄りの東の方向、二十八キロぐらいのところに、スイシヤウ（水晶島）が見えた。周囲、およそ、三十二キロと、アイヌ民族が教えてくれた。平島で周りはすべて岩石とのことである。

並んで少し南の方向に、ヲヲトキ（オトケ島）がある。周囲、およそ、二百メートル。そのすぐ東のそばに、キナシロツフが見える。周囲、およそ、十六キロ。

また、その沖、東南東にアキロロ（秋勇留島）。周囲、およそ、二十キロ、また、その沖の近く東南東に、モエモシリ（萌茂尻島）があり、周囲、およそ、十六キロと聞いた。

その沖の遠くに、ハルカルモシリ（ハルカル島・食物を取る島の意味）がある。周囲、およそ、三十二キロあるという。

また、それより沖に、深い靄《もや》のため見えなかったが、周囲、およそ、二十キロのモシリカがあるという。また、その沖に、イタシベイソ（海馬島）があり、岩の磯になっている。

それより北のスイシヤウの並びに、シホツ（志発島）がある。周囲、おおよそ、三十二キロある。それより、また、沖にタラク（多楽島）がある。周囲、およそ、二十四キロ。

（注）北方四島

北方四島とは、日本の固有領土である択捉島、国後島、色丹島、歯舞群島の島々などをいう。第二次世界大戦後、昭和二十（一九四五）年以降、ロシアが実行支配を続け、現在も施政下にある。これらの北方領土に対して、日本が返還を求めている。

（注）歯舞群島《はぼまいぐんとう》

北方四島の一つ。現在、ロシアの施政下にある。根室半島沖の群島。総面積一〇一・六平方キ

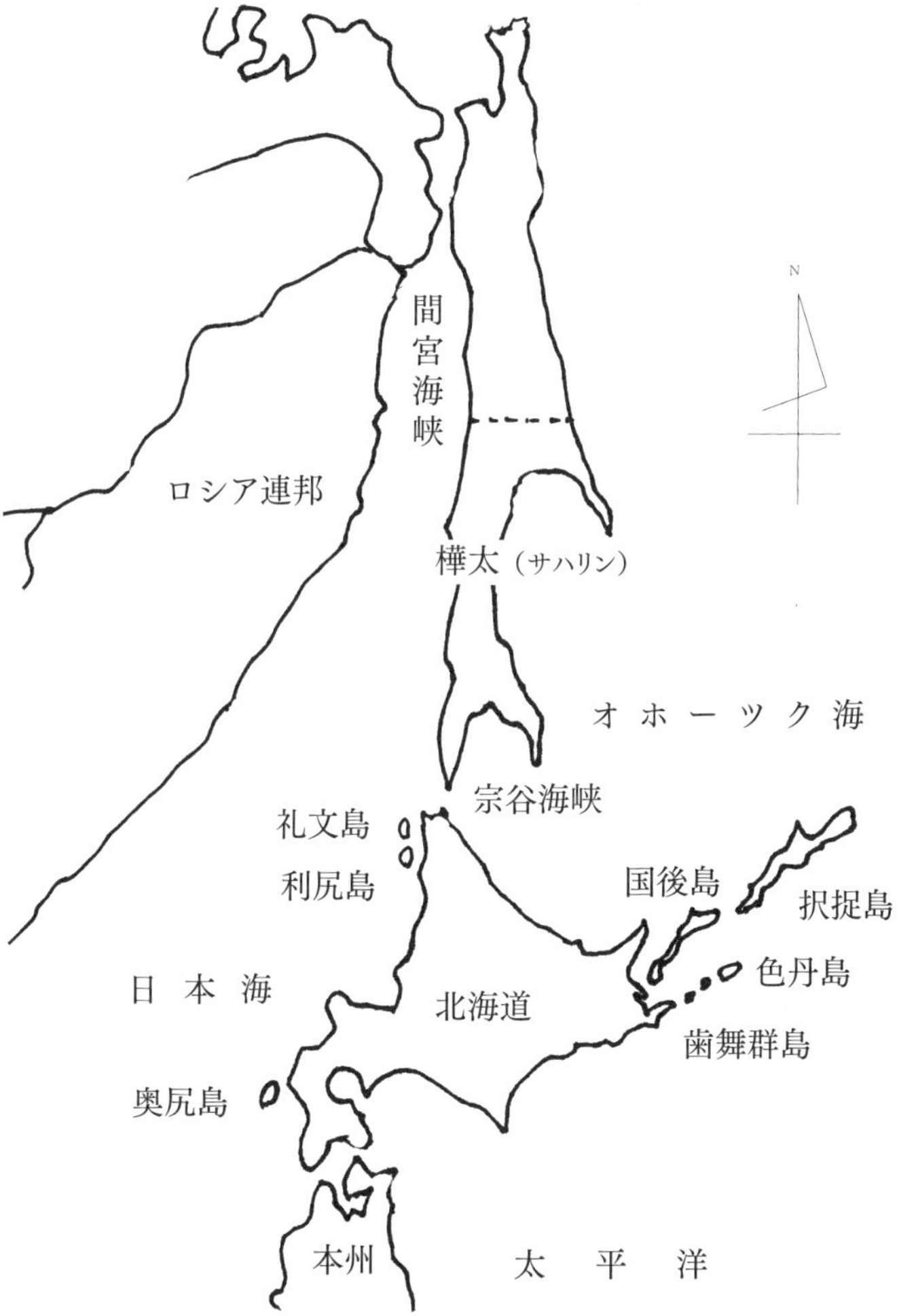

図版５　北方領土（歯舞群島・色丹島・国後島・択捉島）

ロ。好漁場として知られている。

第二次世界大戦前は、水晶諸島と呼ばれていた。千島列島とは地質的に異なり、火山列島ではない。したがって、地形は著しく異なり、台地状の平坦な島が多い。

根室市の納沙布岬の延長で、東の色丹島の間に、貝殻島、オドケ島、萌茂尻島、ゴメ島、水晶島、秋勇留島、勇留島、志発島、ハルカリモシリ、多楽島などの島々が点在し、陸続きの様相を示している。広義の南千島に属している。気候は道東に似ているが、動植物相はやや異なっている（北海道新聞社編『北海道大百科事典　下巻』要約引用）。

（注）貝殻島《かいがらじま》

根室市の納沙布岬から東に三・七キロ、遠望出来る。以前、花咲郡歯舞村に属していた。定住者はなく、漁期に出小屋が作られた。コンブの好漁場であった（北海道新聞社編『北海道大百科事典　上巻』要約引用）。

（注）水晶島《すいしょうとう》

根室半島から東に約五キロの位置にある。東西六キロ、南北八キロ、面積二十三平方キロ。歯舞五島の中では志発《しぼつ》島に次いで大きい。地理的には納沙布岬の延長とみなされている。税庫《ぜいこ》港は、天然の良港で、五〇トン級の船が、五〇から六〇隻、繋留できた。沿海は良質のコンブが採れ、カニ、サケ、マス、エビも豊富で、缶詰加工が行われていた（北海道新聞社編『北海道大百科事典　上巻』要約引用）。

（注）秋勇留島《あきゆりとう》

面積約五平方キロ、周囲約十二キロ、ササに覆われた小島。コンブが豊富であったという（北海道新聞編『北海道大百科事典　上巻』要約引用）。

（注）勇留島《ゆりとう》

面積約十平方キロ。税庫とトマコの両港があった。北洋、中千島への中継根拠地として知られていた。沿岸には海藻が豊富で、沖合漁業も盛んであった。

島内の放牧地で、馬、約二百頭が放牧され、毛皮用のキツネ約二十匹が飼育されていた。缶詰工場、ヨウド工場があった（北海道新聞社編『北海道大百科事典　下巻』要約引用）。

（注）志発島《しぼつとう》

歯舞群島の中で最大の島。面積約四十五平方キロ。コンブ漁が盛んであった。

農地は、約八十ヘクタールの畑と牧草地があり、馬は、約二百五十頭を飼育していた。

二百七十七戸の漁家と商家六戸、旅館兼料理屋が四戸あった（北海道新聞社編『北海道大百科事典　上巻』要約引用）。

（注）多楽島《たらくとう》

歯舞群島の最北端に位置する。周囲二十四キロ。台地状の小島。港に恵まれないため小船しか停泊できなかった。

コンブ採取、サケ、マス、タラなどの小規模漁業が行われていた。島内の全体が放牧地で、馬、

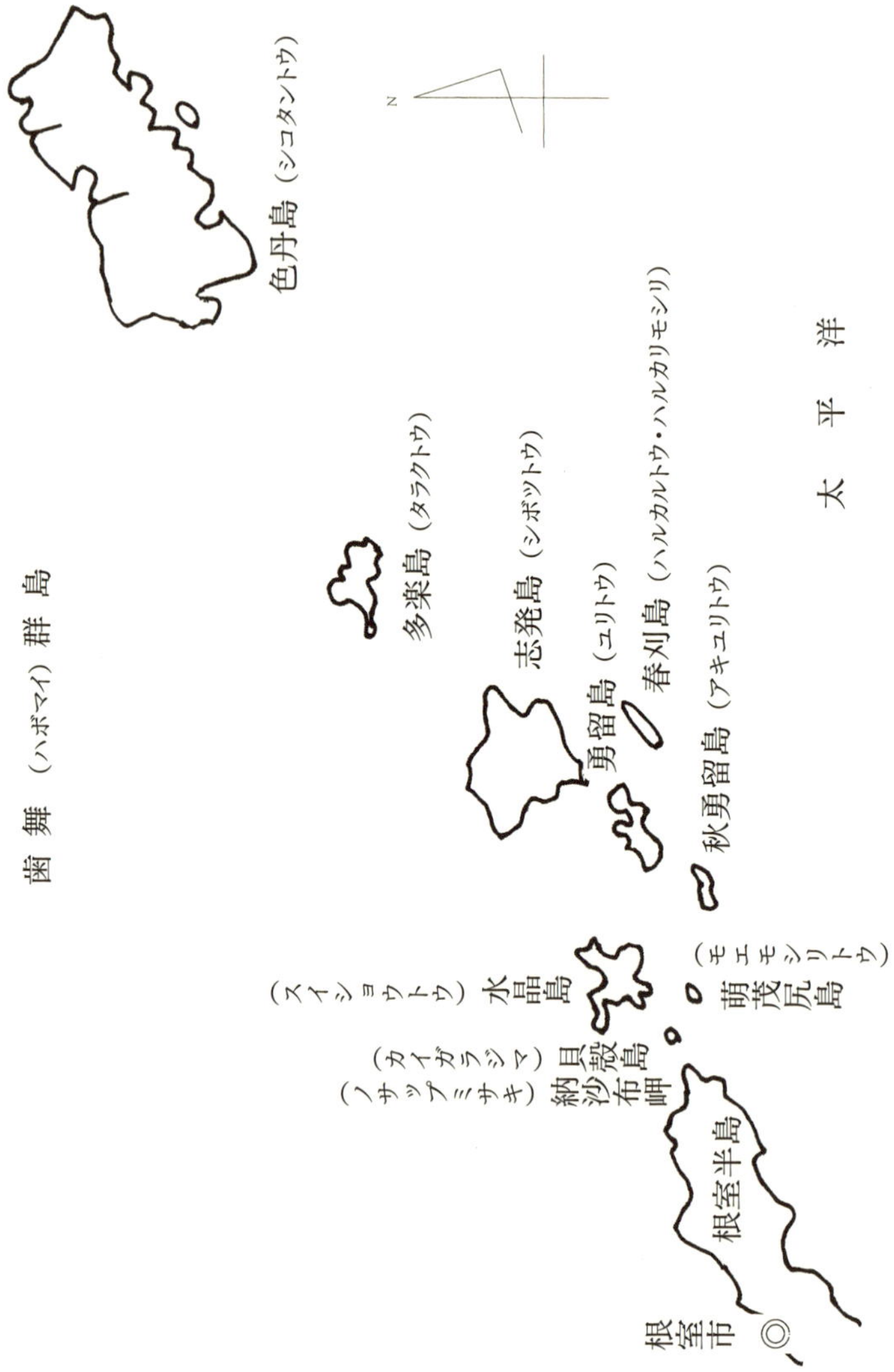

図版６　根室半島・歯舞群島

約二百頭が放牧されていた。缶詰工場が一カ所あった（北海道新聞編『北海道大事典　下巻』要約引用）。

色丹島《シコタン》

それより遙か南東の方角に、シコタン（色丹島）がある。その島の周囲は、およそ、百四十二キロあり、樹木、谷地が多く、船着き場も良いという。ここは最近まで番屋があり、アイヌが住んでいた。今は、花咲で働いているので、番屋には人が住んでいない。

漁場を開き、番屋を造ることは難しく、廃止するのは易しい。この南の海上の一大大島（色丹島）は、外国（ロシア）船の停留する港となり得るので、この色丹島は、蝦夷地の重要な場所である。

この島を、今、無人の島とすることは、根室請負人、柏屋喜兵衛の心ひとつである。島を無人にすることは、これは憎むべき商人で、極悪人である。

私（武四郎）が、ひとり思うことは、国家の重要な島を捨て、無人の島として荒廃させる商人は、ロシア船があちこちに出没させる原因となる。このため、数百人の漁師を番屋に住まわせることが必要である。

この度アイヌから聞いた話しは、私（武四郎）にはどうすることもできない。蝦夷地の開拓というが、このように、一つの島を荒廃させる商人は、どうしたことなのだろうか（解読者、秋葉實氏の『(注)』あり)。

(注) 色丹《シコタン》島

北方四島の一つ。南千島に属する。第二次世界大戦後、ロシアの施政下にある日本固有の領土である。根室市から東へ海上約七十三キロの地点に位置している。東西約二十四キロ、南北約十キロ、面積約二百二十五平方キロ。

色丹《しこたんとう》島内の東北にある斜古丹《しゃこたん》港は、千島有数の良港で有り、千島の交通の要衝だった。昭和二十(一九四五)年、終戦当時は百六十七世帯、九百二十人が住んでいた。毎年、七月から八月の盛漁期には、島の人口が一万人に膨れあがったという(北海道新聞社編『北海道大百科事典 上巻』要約引用)。

(注) 根室請負人、柏屋喜兵衛

天保(一八三〇~四四)以降(弘化・嘉永・安政)の根室の請負商人である(北海道・東北史研究会編『場所請負制とアイヌ』要約引用)。

松浦武四郎は、嘉永二(一八四九)年、閏四月十八日(新暦・六月八日)、箱館(明治二年九月三十日から『函館』となる)からエリモ岬を廻り、根室のユルリ島から色丹島、国後島、択捉島に行くとき、国後請負人、柏屋喜兵衛の持ち船、長者丸で、箱館を出港した(榊原正文編著『武四郎 千島日誌』要約引用)。

（注）解読者、秋葉實氏の注記

「明日のご開拓もさりながら、今日のアイノの命を守ってやるのが、ご政道の本旨ではないでしょうか。このまま放任すれば、島々は外夷にとられてしまうおそれがあります」と注書きあり。

この時期に氷柱

北を眺めると、国後島が海上に浮かんでいるのが見える。それより西に、メナシの山々が、ひと筋の雲のように見えた。出発してここからカヤ野原を二、三百メートル行くと、岩壁の狭間にコエカヘツ、またはコエトイヘツというところがある。上は谷地で、そこから小川が流れ出ている。岩肌に氷柱があるのを見た。四月二十五日（新暦・六月六日）というのに、氷柱を見ることは、実に珍しいことである。

コエカは『波が打ち上がる』という意味である。『ここの崖に波が打ち当たれば、落ちる』ので、その名が付けられたという。

また、並んでコエカノツがある。ここは一つの岬、コエカヘツのそばにあるので、その名が付けられているという。ノツは『岬』である。険しく海に突きだしている。昔、ここに人家があった。

また、少し行くと、ペウチヤラセがある。『崖の狭間から、小川の水が落ちている』ので、その名が付けられた。チヤラセヘツと同じ意味。『川の水がチヤラチヤラと音がして落ちる』

という意味である。この上にカヤ原があり、谷地がある。昔、人家があったという。

（注）国後島

北方四島の一つ。第二次世界大戦後、ロシアの実効支配にある。千島列島の南端、南千島に属する。根室、別海、標津、羅臼の海岸線から見える。面積約一、五〇〇平方キロ。南西から北東へ距離、一二二キロ、幅の広いところで、約三〇キロ、狭いところで、約六キロの細長い島である。太平洋側に泊、古釜布、白糠泊、トカイセンなどの港湾があった。島内にはエゾマツ、トドマツなどの針葉樹が豊富である。農業はふるわなかったが、漁業が盛んで、水産加工工場が多くあった。沿岸は海藻が豊富であった（北海道新聞社編『北海道大百科事典　上巻』要約引用）。

国後島は火山の島で、東端にある爺爺岳（チャチャ岳・一、八二二メートル）が、昭和四十八（一九七三）年七月十四日に噴火した。爺爺岳は根室市から約一三〇キロの距離である。白煙が見えた。七月二十二日には風に乗って、根室地域に黒い鉄粉状の火山灰が降った。その頃、酪農家では、乳牛の飼料である一番牧草の刈取りの最中で、刈取り機械のモーアの刃が、鉄分を含んでいた黒い火山灰のため、磨り減った。乳牛の糞は真っ黒になった。

また、同じ年の六月十七日（日）、十二時五十五分には、『根室半島沖地震』があり、震度五を観測した。国道四四号線の根室湾に河口を開く、温根沼大橋に段差が生じ、一時通行止になるなどの被害があった。

温根元《ヲンネモト》

また、並んで、小さな岬、ホンモトがある。ここを通った。上は一面のカヤ野原で、ここも、昔は、人家があったという。

少し下り浜を通り過ぎると、ヲンネモト（温根元）がある。小川がある。ここも、昔、人が住んでいた跡がある。

また、小さな岬を越えると、チヤシコツが山のかなたにあった。この辺は、すべて、カヤ野原で一つも樹木がなかった。

また、この丘を廻るとホイナイという小川に出た。正式にはホイナヲイという。ここは『小さな石が多くある』という意味である。

並んで、カネフという小さな岬がある。正式にはカーアネフという。『網糸』をカアーという。『細いこと』をアネフという。

この岬から続いて、細く暗礁続きに、カネフモシリという一つの島がある。その暗礁の内に、漁船が停泊できる場所がある。その島の片方は小山が三つ並び、その先は一つになり、極めて不思議な形をしている。

ここの岬の上を越えて行くと、小石が多い浜に出た。その上にウエンチヤシコツという城跡がある。『両方から攻めて来られ落城した』ために、その名が付けられているという。

また、その上を越えて行き、下ると、ウエンチヤシモイがある。これは『ウエンチヤシのある岬』という意味である。小さな湾があり、その湾は小石の浜で、昔、人家があったという。また、そこに小川があり、コタンケシベツという。ここは、昔、小川のそばに人家があったので、名付けられた。

また、これより、岬があり、上に上がるとカバの林がある。ノッシャフからここまで来る間は、ほとんど、カヤ野原ばかりで、初めて立木の林があるのを見た。

トウサムポロ沼で野宿

ここの岬をヲンネコタンシレトという。ここは、昔、人家が多くあったので、その名が付けられたという。カバの林を歩くと海岸に出た。ここをヒリカヲタという。その意味は『美しい砂浜』である。

その上を歩き、下るとトウの東岸に至る。ここをトウシヤム（トウサムポロ沼）という。ここに沼が一つある。その周り、およそ、八キロで谷地が多い。

沼の入口の両岸は、高い崖（ここには、発掘調査した遺跡がある）になっている。沼の底には、シジミやアサリなどの貝殻で、馬の足はぬかることなく渡ることができる。トウシヤムは『沼が浅い』という意味である。

沼の入口の幅は、百八十メートルほどあり、汐の満ち引きの時は、馬の足がさらわれることもあり、危険である。水底には小さな貝や藻が多い。

写真十　トウサムポロ沼

四月二十五日（新暦・六月六日）松浦武四郎は、ここで野宿をした時、親子熊に出会った。

根室半島先端近くの北側、野付水道に沼口が開く。周辺に竪穴式住居跡がある。沼にはアサリやシジミが生息する。現在、数戸の漁家がある。

ここを越えて西岸に渡り、野宿した。この辺は薪になる木などがなく困ったが、丁度いい崖があり、そこに棒を二本ほど立て、これにキナ（むしろ、ゴザ）を二枚かけて宿にした。敷物は多くの海藻が波打ち際にあったので、それを使用した。沼の中には小魚が多い。

この沼に汐が満ちてくるとき、馬でその奥を廻る。東岸の奥にサキベンベツという小川がある。マスが多いので、その名が付けられているという。サキベは『サクラマス』のことをいう。また、ここを過ぎて一キロも行くと、シベンベツという川がある。この川は、サケが多く遡上するので、その名が付けられている。シベとは『サケ』の意味。この辺はハンノキ、カバの木などの雑木が多い。ここを廻ると、会所元へ出るまでに、およそ、八キロの道程と聞いている。

親熊と子熊

沼があり、浅いが魚が多い。この沼でシジミ、アサリ、カキなどを取って、夜の酒の肴にした。酒は十分にあり、酔って夜をあかした。

まだ、東雲《しののめ》（東のそらが白む頃）前で寒い。金太郎が起きて火を焚こうとしていると、親熊が子熊を連れて、野宿している三百メートルぐらいのところまで、挨拶にやって来た。

昨夜、もしものことがあったらと、馬を野宿しているそばに繋いでおいた。ケガもなく無事だったのがなによりで、馬を百メートルも離して繋いでおいたら、必ず、過ちがあったと思うと、ため息が出た。

四月二十六日（新暦・六月七日）

フンドシを洗う

また、昨日のように、靄《もや》が深い。この辺の朝は、いつも靄がかかっているようだ。出発すると、すぐに、トウシヤムの河口の西に突き出たところがあり、そこにチヤシコツ（砦址）があった。

また、しばらく行くと、小さな湾がある。コンフトイウシモイという。ここに昆布取りの小屋があったというが、今はない。そのため、その名が付けられているという。

また、岬を一つ越えると、小川があり、小さな湾がある。ヲベツネカウシという。ここに、昔、人家があったそうだ。『フンドシ、サルマタなどの下着を洗ったところ』という意味である。ヲベツネは『犢鼻褌（フンドシ、サルマタ）』の意味。

また、歩いて行き上がると、シネフルニがある。ここは、毎朝、ワシが一羽づつ見ることができるので、その名がある。海岸は岩の崖である。その上は野原で、背丈の低いササ原である。

また、少し行くとシヤムコタンというところに下る。小川がある。昔から、アイヌの人たちが『山から下るときは、必ず、ここを通る』ので、その名が付けられたという。

古い墓所

また、しばらく行くと、ホンヲニヨフという小石浜がある。上は崖で、そこは低いササ原で平地である。この辺のアイヌの人たちの古い墓所が多いところである。

並んで、ホロヲニヨフという同じく小石浜がある。崖の上はカヤ野原である。また、そこを七、八百メートル行くとヲニヨフチヤシコツがあり、岬が突き出たところに一つの城跡がある。また、これより、上に行き、平地をしばらく行くと、崖の下に細い小川があり、ラホキというところがある。ラホキとは『五臓六腑の留まる下のこと（陰部）』を言うようである。何かこれには、縁があるように思った。

ここを越えて、山へ上がると標柱があった。これからノツシヤフ（納沙布）まで十三キロ、根室まで十二・七キロである。ここから、また、山を下るとノツカマフ（野釜布）、正式にはノツカヲマプがある。『岬の方にある』という意味である。小さな湾に小川がある。また、それから野に上がって行くと、岬があり、ノツカマフノツがある。険しい岬が突き出ているところである。

（注）ロシア人、ノッカマフに来る

安永七（一七七八）年、ロシア人のイワン・オチエレデンが通商を求めて、ノッカマフに至る。同八（一七七九）年、再びイワン・オチエレデンが回答を求めてノッカマフに来る。更に、厚岸のツクシコイに至る。松井茂兵衛、厚岸で会見、交易は国禁であると伝える（『別海町百年史別冊附録』）。

（注）和人七十一人殺害、アイヌの人たち三十七人処刑

寛政元（一七八九）年に起こったアイヌの蜂起（反乱）を、『蝦夷の乱』、『メナシの乱』、『国後の反乱』、『国後目梨騒動』、『寛政の蝦夷騒乱』などという。

寛政元年、南千島の国後島と道東の目梨（羅臼方面）に住むアイヌの人たちが、和人（アイヌ語では『シャモ』という）を襲撃した。

道東、南千島方面への和人の進出は、十八世紀半ばに本格化した。それまで、他の地域と比較して、アイヌ社会の規律、風俗、習慣など、かなり後まで保たれていた。

安永三（一七七四）年、飛騨屋久兵衛が国後場所を請け負い、後に厚岸、霧多布、釧路場所を加えて、東蝦夷地一帯の実権を獲得すると、資本を投下して漁業経営を拡大した。それと同時にアイヌの人たちの労働力の搾取を強めた。

国後島などの運上屋では、酷使や不当な取り扱いに、多少なりとも抵抗するアイヌ民族に対して、『毒殺する』とか、『大釜で煮殺す』というような脅しを行い、労働の代償も数量をごまかし、恒例のアイヌの人たちにとって重要な儀式、オムシャを止めてしまった。

写真十一　ノッカマップ

根室会所があった場所である。寛政元年、アイヌの蜂起の後、会所は西方、現在の根室市街地に移った。理由は、アイヌの人たち三十七人を、打ち首にした場所のため、心穏やかでなかったためのようである。

ノッカマップの岬にはチャシ跡が保存されている。根室半島には竪穴式住居跡やチャシ跡が多く残っている。

アイヌの人たちが、運上屋への不満と疑惑を深めていた矢先、国後島の運上屋で酒食を与えられたアイヌ二人が、急死する事件があった。これを契機に、寛政元年五月五日（新暦・五月二十九日）、国後島のアイヌの人たちが蜂起し、運上屋の支配人ら二十二人を殺害し、物品を略奪した。

蜂起したアイヌの人たちは、対岸の目梨（メナシは『東』の意味のアイヌ語、当時は羅臼、標津、根室方面のこと）に渡り、標津からヤオロマップまでの海岸で、番屋で働く番人三十六人を殺害した。

更に、忠類（現・標津町）に寄港していた飛騨屋の持ち船『大通丸』を襲って、船員十三人を殺害した。両地域にいた和人が、逃亡し生き残ったのは三人であった。和人が殺害された合計人数は七十一人。

霧多布場所の支配人が、福山の松前藩に知らせたのは、六月一日（新暦・六月二十三日）であった。松前藩は、二百六十人あまりの討伐隊を編成した。討伐隊は七月八日（新暦・八月二十八日）、ノッカマップ（根室半島）に到着した。

一方、厚岸の乙名イコトイと国後島の首長ツキノエは、助かった和人から事情を聞き、山に立てこもって蜂起したアイヌの人たち二百余人を説得したため、ノッカマップに来て降伏した。蜂起したアイヌの人たちを集め、松前藩に差し出したため、事態が収拾した。

松前藩討伐隊の処断は過酷で、首謀者八人、和人を殺害した二十九人、合計三十七人を死刑にした。

この騒動の収束により、道東、南千島のアイヌ社会は、松前藩の支配に、完全に組み込まれていった。

松前藩は、反乱の主因が飛騨屋の責任であるため、請負を取りやめ、松前藩の直轄とした。松前で一番の富商、村山伝兵衛にアイヌの人たちの『介抱』を命じて、事実上、当地域の場所経営を任せた（北海道新聞社編『北海道大百科事典　上巻』要約引用）。

（注）番屋

請負場所内の漁場に設けた漁業用の建物。ここで番人たちが働く。番人は近隣のアイヌの人たちを雇って使役する（秋葉實編著『松浦武四郎　知床紀行』要約引用）。

（注）番人

請負場所に設けられた現地施設である番屋に詰める人の職制。番人は請負人の配下にあり、その地域での交易、漁業生産、また、アイヌの人たちの『介抱』を直接担った（秋葉實編著『松浦武四郎　知床紀行』）。

（注）介抱

『蝦夷介抱』ともいう。松前藩のアイヌの人たちとの交易の一つの形態をいう。

初頭の姿は、松前藩士の知行地（場所）における知行主と場所内のアイヌの人たちとの交換交易で、お互いに贈り物を取り交わすというものであった。

知行主は交易の相手方である場所内のアイヌの人たちに、保護を与え、撫育する任を負う意味で、この形態を『介抱』と云うようになった。

場所請負制が確立し、知行主に替わって請負人が交易を代行するようになると、当初の目的は薄れ、交易品は質が低下し、秤量のごまかしが著しくなり、不当な利潤の追求が横行するようになった。

また、漁場の労働力として、アイヌの人たちを使役することが、一般化すると、請負人はその代償として、生活の保護、弱者の救済など、文字通りの『介抱』が義務づけられた。

これらのことは、名目的なことで、実態はその手当が充分でなく、特に、病老弱者など切り捨てられる傾向にあった（北海道新聞社編『北海道大百科事典　上巻』要約引用）。

ナマコ、ホタテ漁

また、この上の方を越えて行くと、一つの城跡、チャシコツがある。このそばを通り、浜に下ると沖に一つの岩石がある。イシヤウヤがある。岩石が集まった小島である。イシヤウは『岩島』、ヤは『アザラシ（水豹・海豹）の居るところ』という意味である。

また、しばらく行くと、シキムイがあり、小石浜で海は浅い。ナマコ（海鼠《かいそ》）漁ができるところである。そのため、この名が付けられたという。

また、上の草丈の短いササ原を行くと、ヒヤウチヤラセがある。小川があり、『カヤ原の中から、ひと筋、流れている』ので、付けられた名であるという。ここに高い崖がある。上の奥にはカバ、ハンノキの林となっている。
また、しばらく行き下がると、コロクニウシモイという小さな湾がある。上には谷地があり、小川がある。ここはフキノトウが多いので、その名があるという。コロクニは『蕗・フキ』、ウシは『多い』という意味である。モイはムイの転じた言葉である。

また、しばらく背丈の低いササ原を行くと、ホンコタンケシがある。小さな浜があり、小川のそばに人家の跡がある。

また、三百メートルぐらい行くと、ヲンネコタンケシという小さな湾がある。ここにも、昔の人家の跡がある。

この岬の前に、カサネカシユマという島が一つある。小さな岩石の島である。周りは、およそ五十四メートル。この辺は一面暗礁が多い。

その島と岬の間は、小さな岩が続いている。そこをシユマルイカという。その意味は『岩の橋』という。『岬から島へ渡る橋』ということの意味である。小さな岩が六個ほど並んで橋になっている。

その岬の方をリウカヤといい、『橋の元』という意味である。アイヌ民族は潮が引くとこの島に渡り、ホタテ貝を取る。ホタテ貝が多いという。

イコトイ一族の墓

この岬を廻って行くと、ところどころにアイヌの人たちの墓がある。チンペイ（陳平）は、一つひとつを金太郎に教え、これは誰、これは誰と聞かせていた。

どうして教えているのか聞くと、このチンペイと金太郎は、皆、イコトイの親類なのだという。この辺の墓は、昔、『寛政の蜂起』の前からの金太郎の親類の墓だという。

そのため、袋から米を五、六粒づつ取り出して供えた。金太郎は、この辺のことは初めてなので、一つひとつをチンペイに教えてもらっていた。

また、岬を廻って行くと、シユナハウシモイがあり、小さな湾に小川があった。この辺はスッカンコ（酸模・タデ科・食べることができる、酸っぱい）が多い。シユナハは『スッカンコ』のことである。

また、並んで、ホロシユナバウシモイがあり、前と同じような湾である。『スッカンコ』という意味なので、その名が付けられた。その上はハンノキ、カバ、カシワの木の林になっている。

また、しばらく背丈の低いササ原を行くと、ヒンケウモイという一つの岬がある。その上に台場がある。その台場から根室の会所元が見える。その地名は、『崖の下に長く、小石がある』ので、付けられたという。ヒンケウムイとは、『小石の湾』という意味である。

チンペイ（陳平）の家

ここから林の中に入り、およそ、六百メートル沢を下ると、チンペイ（陳平）の家の前に出た。ここで休憩して、残っていた酒を呑み昼食にした。

この辺の家は、他の家と異なっていた。家の入口の上に一つの窓を開け、ここから明かりを取っていた。その家の形は特別で興味深い。家に入ってみると、さすがに、この辺の乙名である。太刀、行器《ほかい》、耳盥《みみたらい》、その他、いろいろな手箱などが一面に飾ってあった。また、柱には小さな神殿を架けて、これに伊勢祓を納め、酒を呑む前に手を合わせるという。このことは、最近になって始めたという。

（注）行器《ほかい》

アイヌ語でシントコという。漆器。外側に三本の脚がついている。直径三十五センチ、高さ五十センチぐらいある木製の容器。

（注）耳盥《みみたらい》

耳状の取っての付いた小型の容器。主に口をゆすぐ。

（注）イコトイ・陳平・金太郎の系図（参考『納沙布日誌』）

※資料により異なるので注意

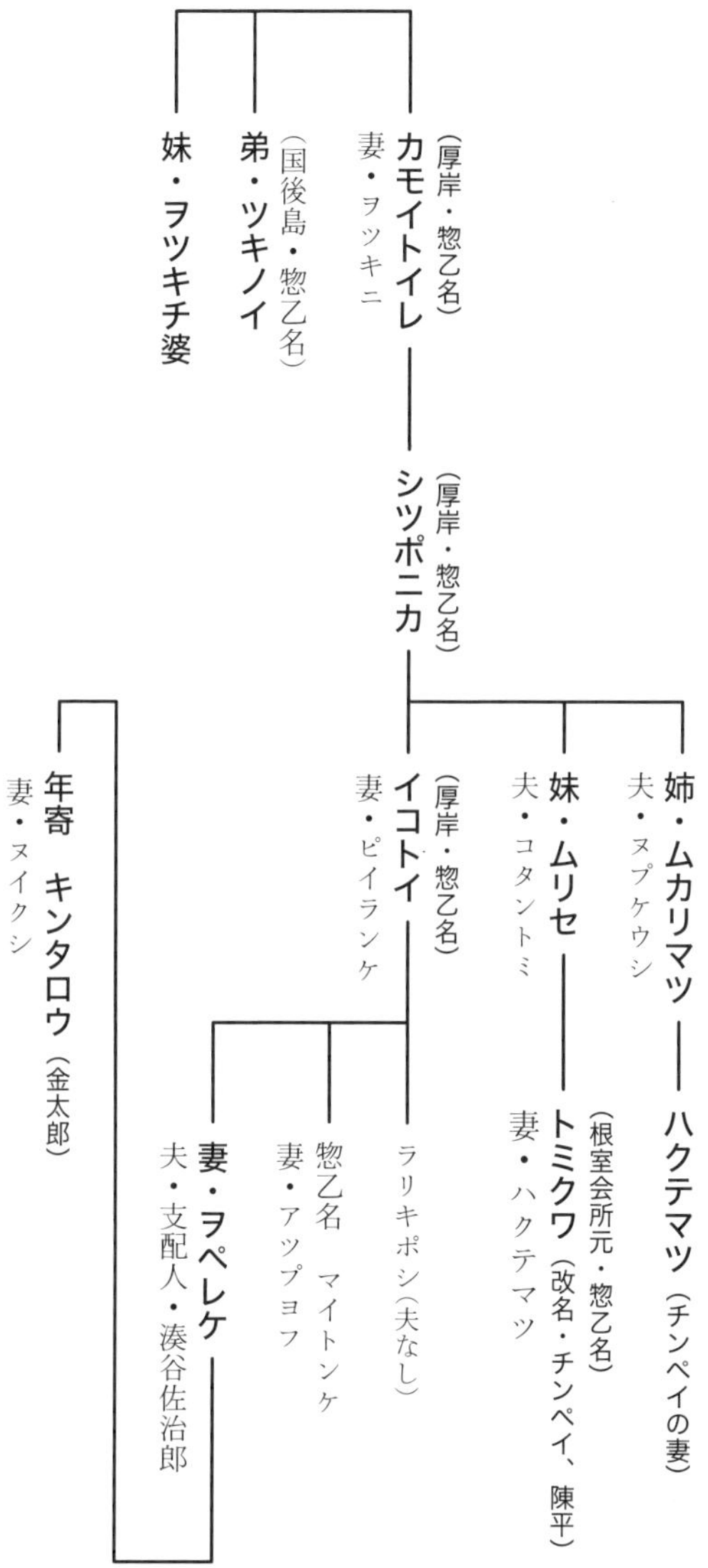

漁師のニシン小屋

家主、チンペイ（陳平）、本名はトミクワという。去年、帰俗させられ名を改めた。当年四十七歳。この根室の会所元の惣乙名である。妻はハクテマツ五十一歳。息子ホンシタ十二歳、改名して富之助という。召使いイシャウヤ五十三歳、磯吉と改名した。

すべて、この辺からノッシャフまで、昔は、人家があったという。文政五（一八二二）年、御引き渡しの際に、人家三百五十四戸、人口八百九十一人と聞く。

ところが、現在、わずかに百四十二戸、人口五百八十一人になったということを知ってほしい。今のような御処置では、五十年を待たずして、この地には、誰もいなくなることは間違いない。

ここから川を下ると、下に漁師小屋が多く建ち並んでいた。今日もニシンが大漁で、沖合に出ている。

その浜をチャイフンテカヲモイという。これはヒンケウムイの岬と大黒島の間の深いところである。素晴らしく良い湾のため、その名が付けられている。時化《しけ》の時は、ここに船を廻しておくと安心であるという。

（注）アイヌ人口の比較表（第四類　第三図による）

	厚岸	根室	色丹島	国後島	択捉島
文政五年（一八二二）	八〇四人	八九一人	九二人	三四七人	八四九人
嘉永六年（一八五三）	二一七人	五八一人	〇人	九九人	五〇三人

（北海道庁編纂『北海道史　附録・地図』）

根室の会所元

並んで、ネモロヘツがある。これは乙名の家の前の小川の水が流れてくるところをいう。ネモロの正式名はニイムイである。転じてネモロという。ニイは『木』である。ムイは『湾』である。この湾の底に、『埋もれ木が多くある』ことから、名が付けられた。

小さな砂浜が漁場の中にある。モヤサンは小さな岬、上は崖でアイヌ民族の小屋よりも勤番所などが多く建っている。その並びを、今、ネモロ（根室）という。根室の会所元がある。前にも書いたが、ネモロは、この間の湾の名である。実は、今、会所元は字をモヤサンと書く。勤番所、通行屋、会所、その他、蔵などの場所は、『丙辰廻浦日誌』に記したので略す。その『丙辰廻浦日誌』から変化があったのは、仙台家の陣屋とアイヌの人数である。

また、この辺は黒百合が多い。牛や馬を多く放し飼いにしてある。会所のそばに、アイヌ民族の家が十一軒ある。人数は四十一人であり、全員が改俗をさせられ、あわれなことのないようにしている。

前に弁天社を祭る。それらのことは『丙辰廻浦日誌』に譲って記録をしない。午後、二時過ぎ着いたので宿泊する。

（注）根室会所

役人の詰所である勤番所二棟、宿泊のための通行屋二棟、蔵三十棟余、制札、井戸三カ所、遠見櫓、弁天社、金比羅社、稲荷社、合薬蔵、仙台陣屋、備米蔵、その他の施設がある。

アイヌの人たちは近隣に十一戸、三十六人が住んでいる（丸山道子訳『知床日誌』要約引用）。

（注）勤番所

寛政期以降に蝦夷地の警備、場所請負人やアイヌの人たちを取り締まるため、松前藩（宗谷）、津軽藩、南部藩（根室、国後島の泊、択捉島の紗那）など、蝦夷地各所に設置された。

ここには物頭（足軽大将・足軽頭）、目付（松前藩の役職名、藩士の監察、監視の役目）、医師、足軽（雑兵）などの人員が適時配置された（松葉實編著『松浦武四郎　知床紀行』・北海道庁編纂『北海道史　附録・地図』）。

（注）旅宿所・通行屋

蝦夷地を行き来する人々のための宿泊施設で、主として、海岸沿いに配置されていた（松葉實編『松浦武四郎　知床紀行』）。

文化三（一八〇六）年頃、道東には、広尾、トウブト（当縁）、大津、尺別、白糠、釧路、昆布森、仙鳳趾、厚岸、根室、西別川河口、野付岬、国後島の泊、東端アトイヤ岬、択捉島の紗那に旅宿所、通行屋があった（北海道庁編纂『北海道史　附録・地図』）。

（注）根室の農作物栽培状況

松浦武四郎が根室を訪れた頃、安政三（一八五六）年から安政五（一八五八）年に栽培されていた作物を紹介すると、次のようになる。

粟、稗、黍《きび》、蕎麦、大根、大豆、小豆、大角豆、人参、胡瓜、五升芋、新菊、紫蘇《しそ》、唐黍《とうきび》、小麦、茄子《なす》、牛蒡《ごぼう》、葱《ねぎ》などである（山本正編『近世蝦夷地農作物年表』）。

（注）丙辰廻浦日誌

松浦武四郎、四回目の蝦夷地調査を行う。三十九歳の時、幕府の御雇という身分で、蝦夷地と南樺太調査のため、安政三（一八五六）年三月二十九日（新暦・五月三日）、箱館を出発。十月十三日（新暦・十一月十日）、箱館に帰着した。

箱館出発→日本海沿岸→宗谷→南樺太→宗谷→オホーツク沿岸→斜里→標津→太平洋沿岸→箱館。その時の紀行日誌である（加藤公夫編『松浦武四郎の十勝内陸探査記』）。

四月二十七日（新暦・六月八日）

根室に滞留

ここにイヌンベケという、ひじょうに貞操観念の強いアイヌの娘がいる。すべて、この地の悪弊に染まらないということを聞いたので、手拭い一本を渡した。

また、チヤシコツのアイヌ、ドンドンという者、何時の頃か戎舞《えびすまい》（恵比寿舞・大漁を祈願して舞う）を覚えていると聞いたので、舞ってもらった。それらのことは、いずれも『人物誌』に書いてあるので省略する。

（注）貞操観念の強い娘

根室領は広大である。沿岸は、およそ二百四十キロである。近年、人口は、わずか五百九十六人ほどに減ってしまったため、漁業の人手が足りず、大勢の和人が出稼ぎに来ている。

この日雇いの出稼人の多くは、四百キロ以上も隔てた秋田、南部（青森県の東部）、津軽（青森県の西部）などから来ているため、国元に毎年帰ることが出来ない。そこで、アイヌの娘を奪い、また、密通することが当たり前のようになってしまった。

そこで、十六歳を過ぎた娘は、たいてい番人の妾になるため、アイヌの男には、生涯、妻を持てず過ごす者が多く、また、いくらかでも顔立ちのよい娘は、夫を選り好みする習わしとなっている。

そのような中にあって、根室会所地元のイヌンベケという娘は、幼いときから父母が、同じ地域のシネアミコロという男と結婚することを決めていた。それをよく守って、少しも軽薄な振舞いをすることがなかった。

ところがある日、許嫁《きょか》（双方の親が決めた結婚）のシネアミコロは、大怪我をして手首から先が砕け、両手の指は親指と小指だけになってしまった。人並みに働くことも出来ず、ようやく、馬を使って働くだけで、収入もごく僅かになってしまった。

イヌンベケは、両親が決めたとおり、手の不自由なシネアミコロに嫁いだ。薪を取り、水を汲み、山に入ってオヒョウの皮を剥いで、アッシを織って夫に着せ、また、アッシ布をアザラシの毛皮に交換して服を作り、人並みの姿にさせるなど、行き届いた世話をして貞節を尽くした。

夫のシネアミコロが仕事で遅くなると『もしや、途中で熊に襲われ、怪我でもしていないだろうか』と心配した。どのような闇の中でも少しも恐れず、手の不自由な夫を迎えに行き、夫に出会えば、荷物を背負って帰った。

蝦夷地の会所の人びとは、立派なアイヌを見ても、知らぬ振りをして、何の上申もしないのが普通であった。

しかし、根室駐在の近藤某氏は、詳しく彼女の行為を聞きただし、箱館奉行組頭勤方、安間純之進隊長の巡察の時、報告した。このため、シネアミコロとイヌンベケ夫婦は、多くの米、酒などを賜った。

それ以来、幕府直轄の趣旨に深く感謝して、夫のシネアミコロ三十三歳は、髪を和風に改め、名も『安兵衛』と改名した。妻のイヌンベケは『みき』と改名した。

夫婦は、公儀の取り計らいを肝に銘じて、ますます、夫婦仲睦まじく暮らしたという（松浦武四郎著『アイヌ人物誌』要約引用）。

(注) ドンドンの戎舞《えびすまい》

根室領標津の茶志骨に住むアイヌのアフケサと妻のムリタエの間に一人の娘がいた。その婿は、ドンドンと呼ばれている。ちょっと見たところ、ひじょうに間の抜けた様子なので、支配人や番人たちから、ドンドン、ドンドンと馬鹿にされていた。

そのことを恥ずかしく思い、いつのまにか、日本風の踊りを稽古しておぼえていた。このたびの風俗改正の指図に際して、早速、『富七』と改名し、髪型も和風に改めた。

このドンドンに、いくらか酒でも振る舞えば、おぼえた『見なさいな、見なさいな、戎舞《えびすまい》を見なさいな』の踊りを踊った。

オムシャ、大漁祭りなどの時には、必ず、番人などから羽織り、袴を借り、手拭いを戎《えびす》かぶりにかぶって踊る。踊り終わって、持った竿を櫂のように扱って、退場して行く様子は、ひじょうに上手であると聞いた。

そこで、私（武四郎）も、首長の陳平の家で、ささやかな酒宴を設け、ドンドンを招き、その踊りを踊ってもらった。

すると、ドンドンは、その辺から持ってきた空き樽を叩いて、『見なさいな、見なさいな、戎舞を見なさいな』と、拍子をとってはやし立てた。

自分の袢纏《はんてん》を袴のようにつけ、首長の羽織を着て手拭いをうしろで結び、右の手にはありあわせのワシの羽を扇の代わりに持ち、竿を担いで踊った。

そして、鯛を釣ったところから、それを料理して食べるところ、踊り終わって竿を櫂にして帰って行く様子など、何とも不思議なほど真に迫っていた。

この踊りを誰から習ったのかと聞くと、廻船の船方たちのを見ておぼえたと話した。まことに滑稽な踊りであった（松浦武四郎著『アイヌ人物誌』要約引用）。

（注）戎舞《えびすまい》
恵比寿舞、夷舞とも書く。海の福神である恵比寿さまが、鯛を釣る様子を見せる踊りである。漁師の大漁祈願、大漁祝に各地で踊られた。『見なさいな』は、『ご覧なさい』の意味である（松浦武四郎著『アイヌ人物誌』要約引用）。

厚岸の案内人、帰郷

厚岸から根室まで、案内してもらったアイヌの人たちを帰郷させることにした。お礼には、どのような褒美がいいかを考えた。二人とも衣服は十分のようで、また、食べ物も十分なようである。木綿の布も喜ばないであろうと、いろいろ考えた。

そうこうして、金比羅堂へ上がって見ると、ここの乙名が役所からもらう伊勢祓《いせはらい》（伊勢神宮のお札）があり、これと阿波煙草一つずつを、酒六、金太郎の二人に渡した。酉松、岩吉の二人には、木綿八尺づつに葉煙草一把づつ、陳平には、下帯ひと筋、煙草一つ、酒三升を渡し、ねぎらった。

詰合の近藤氏と奥シレトコへ行く相談をした。支配人の善吉の船は、まだ、根室に着いていないので、通辞（アイヌ語の通訳）、鉄蔵と相談する。奥シレトコの案内人を探すが、これといった案内人がいなかった。そのため、ノッケ（野付）まで詳しい案内人を頼んだ。

（注）支配人の善吉

藤屋善吉は、文久二年、柏屋のあと標津請負人となった山田善吉（慶応二年一月死亡）と同一人か。

（注）阿波煙草

四国・徳島の山間部で栽培された煙草。刻みタバコとして生産。煙管《きせる》で吸う。米、酒、針、煙草、手拭いなどは公費支給であった。この阿波煙草は、諸品請求に記載されていないので、武四郎の私費購入であったらしい。

第三章

戊午　志辺津日誌

松浦武四郎著

戊午　志辺津日誌　安政五（一八五八）年

この巻の概要、根室→野付→標津→標津川上流

この編は、四月二十八日（新暦・六月九日）、ネモロ（根室）会所を船で出港して、ノッケ（野付）に行き、人を雇い、それからコイトイを越えシベツ（標津）番屋に着いた。標津川を上り、舟で行けないところは陸地を歩いた。その標津川の川筋を見てから、下ったまでの紀行である。

志辺津、正式にはシベヲツである。シベとは『サケ』のことである。ヲツとは『居ること』の意味である。また、一説には、昔、シベウシベツと云ったそうだ。その理由は『サケが多い川』ということからである。

その川筋（標津川）の上流は、釧路領に至る。それらのことは、この紀行文の中で明らかにする。

（注）根室領

根室領は、南は厚岸、北は知床の西側、斜里と境を接し、国後島への渡し場となっている。その海岸線は二百六十キロに及び、海にはマス、サケ、ニシン、イワシ、その他の魚類が、何一つ不足なく、誰知らぬ者のない蝦夷地の一大漁場である。

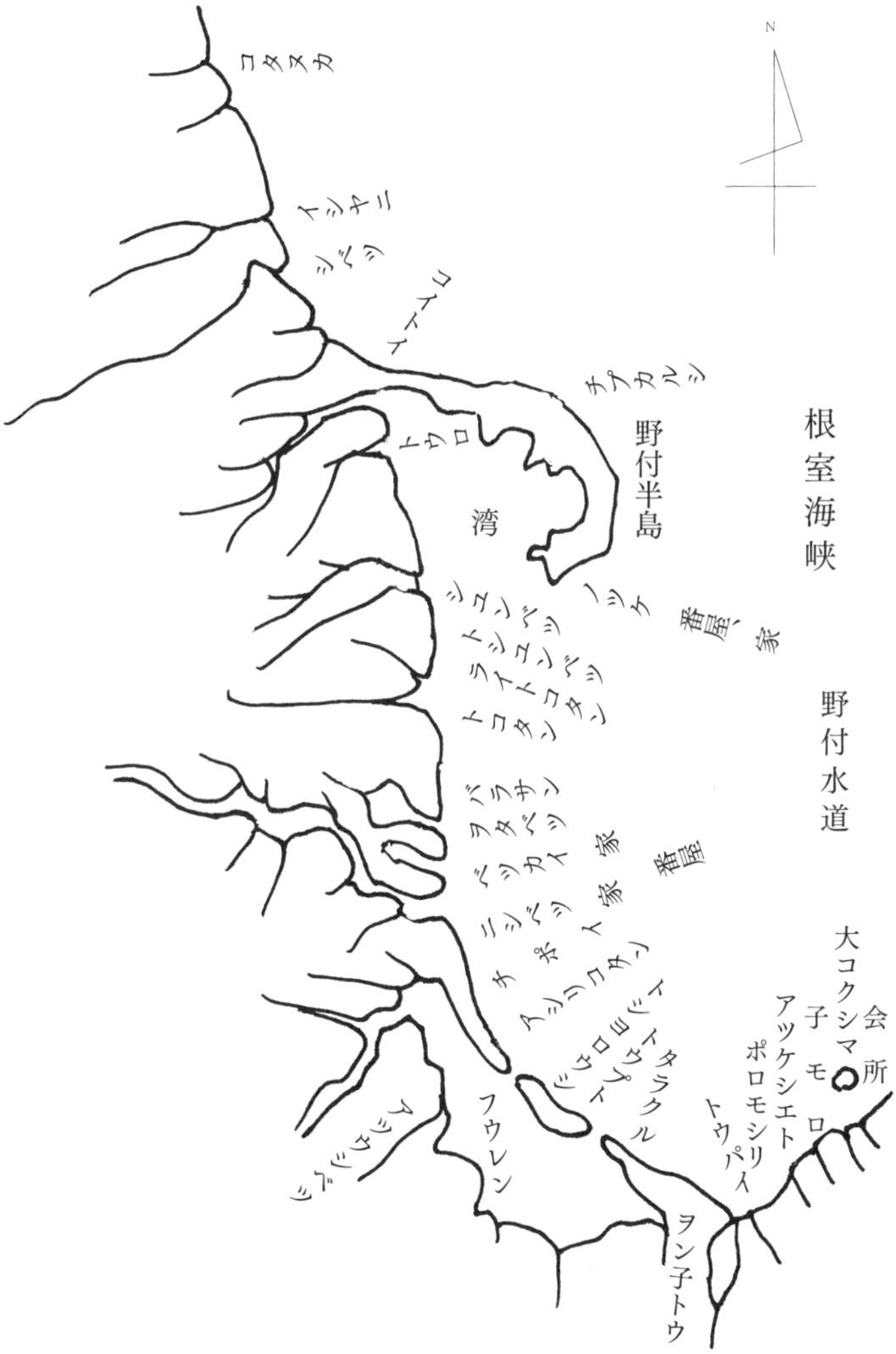

図版７　根室会所→トウブト→野付半島→標津会所

この地域の人口は、文政五（一八二二）年、幕府が松前藩に引き渡した当時、八百九十一人だったのが、現在、安政五（一八五八）年には、わずか五百八十人ほどに、なってしまったという（松浦武四郎著『アイヌ人物誌』要約引用）。

四月二十八日（新暦・六月九日）風蓮湖口（トウベツ）に着く

根室会所では、案内人のアイヌを四人連れてきたが、シレトコの方をよく知っている者はいなかった。

根室会所に出稼ぎに来ていた、四人の案内人は、チャシコツの伊助、五十二歳、元の名はイカシテレという。ベツカイの助八、二十七歳、元の名はスキパツという。シベツの弥六、二十七歳、元の名はノヤホンという。クンネヘツの三蔵、三十四歳、元の名はサンゾウという。

根室会所では、いちいち改俗名で私（武四郎）に紹介したが、アイヌの人たちは、誰も自分の改俗名の和人名を知らなかった。そこで、小さな木札に和人名とアイヌ名の両方を書いて、それぞれ、首から木札を掛けた。

米、味噌、塩、煙草、漬け物などを用意し、チンペイ（陳平）の縄綴舟《なわとじふね》（交易用に使用した舟のこと）で出港した。

久しぶりの舟の旅は、舟の中に海水が入って困った。ベッカイ（別海）まで行こうとしたが

写真十二　トウベツ（走古丹の突端・風連湖口）

四月二十八日（新暦・六月九日）、松浦武四郎は舟で風連湖口のトウベツ（走古丹の突端）の番屋に着いた。番屋には守太郎家族が住み、漁業を行い、野菜を栽培していた。

風連湖口の向かい側は、同じく砂州がのびている春国岱である。見渡す限り風連湖上と野付水道の海が見える場所である。炊事用の水や飲み水は、雨水を貯めたり、舟で運んでいたのであろうか。

風連湖は魚介類が豊富である。初冬にはニシンが釣れ、湖面に氷が張ると、コマイ（氷下魚）漁が行われる。人びとはレジャーを兼ねて、氷に穴を開け、チカ釣りを行う。

現在、風連湖口まで車で行くことができるが、道はところどころ砂で覆われているので注意が必要。

行けず、トウベツ（トウブト・風蓮湖口）の番屋に着いた。

ここの番屋の守八太郎は、今年、家内を連れて来て、子供も生まれた。家の後ろで畑を作っていたが、土には塩分が含まれ、作物を栽培するのに苦労しているようだった。海にクジラが数十頭、泳いでいるのが見えた。

四月二十九日（新暦・六月十日）
夕方、野付《ノツケ》に着く

朝早く出港。ここの風蓮湖口の番屋から、ニシベツ（西別）川河口までの番屋までの海岸で、ニシンの大群が産卵のため海岸に押し寄せる現象の『群来《くき》』が見られるという。

海上、およそ、十二キロ行くとベツカイ（別海）番屋に着いた。昨日から来ていたノツケの伝蔵が出迎えてくれた。そこで、休息した。

また、ベツカイ番屋の乙名シタタエ六十六歳は、改名させられて、和人名を四郎左衛門という。小使ニシケ五十七歳も改名させられて、和人名を仁助という。

番屋、通行屋、蔵、漁屋など整然と並んでいた。川の南をニシベツ（西別）という。ここにも番屋があった。その周囲にアイヌの人たちの住居が十五軒、八十一人が住んでいた。このことをシタタエ（四郎左衛門）とニシケ（仁助）から聞いて、出港した。

風は帆に当たり順調に進んだ。左側に海岸が見え、ニシヨマヘツ、ハラサン、トコタン（床丹）、ウエントコタン、カモイハウシ、ユウトエ、シユンベツ（春別）、トシユンヘツなどを越えた。
これからは向こう岸の野付半島の方向に行き、ニイショモシリ、ヤウンノツモシリの前を過ぎて、夕方、ノツケ（野付）に着いた。

（注）西別産塩引鮭、幕府に献上

寛政十二（一八〇〇）年、別海・西別産塩引鮭を幕府に献上命ぜられる。以後、毎年献上する。この頃、別海、野付などに多くの漁場が開かれる（『別海町百年史　別冊附録』）。

（注）伝蔵

秋田出身の加賀伝蔵、秋田屋加賀伝蔵とも加賀屋伝蔵ともいう。元々は加賀出身のため、加賀の性を名乗った。伝蔵は通辞、アイヌ語の通訳である。現在の秋田県山本郡八森町の出身。数多くの蝦夷地関係文書を残している。

安政六（一八五九）年以降も武四郎と親交が続けられた。天保元（一八三〇）年からクスリ（釧路）場所で飯炊きに雇われ、帳場を手伝い、センポウシ（仙鳳址）番屋守、シヤクベツ（尺別）番家守など九年勤めてノツケに移動した。

（注）西別（別海）の農作物栽培状況

寛政一一（一七九九）年から文政四（一八二一）年頃。大根、茄子、隠元豆《いんげん》などが栽培されていた（山本正編『近世蝦夷地農作物年表』）。

写真十三　西別川河口

四月二十九日（新暦・六月十日）、松浦武四郎はベッカイの番屋に着いた。ここで、野付から来ていた案内人の伝蔵が迎えてくれた。

西別川河口の南側がニシベツという地名で、北側がベッカイという地名である。ベッカイには番屋、通行屋、蔵、漁家などが整然と並んでいた。南側のニシベツにも番屋があった。アイヌの人たちの住居が十五軒、八十一人が住んでいた。

河口の南、ニシベツに小高い丘があり、竪穴式住居跡が十数個あった。近くの小学校のグランドでは、ヤジリや土器片を見つけることが出来た。現在、発掘調査の後、国道二四四号が整備され、竪穴式住居跡がある丘は無くなってしまった。

弘化二年に会った五郎左衛門

夜になった。当所（野付）に出稼ぎに来ていたチャシコツ（茶志骨）番屋の乙名シンバフ、六十四歳という者がいた。このアイヌは改名させられて五郎左衛門という。

昔、文政三（一八二〇）年頃、間宮倫宗（林蔵・探検家・間宮海峡発見）に連れられてシラヌイ（白老）まで行き、一年間働いてから、石狩を廻って当所に帰って来たという。

私（武四郎）は、去る弘化二（一八四五）年に、当所で逢っているので、五郎左衛門を呼んだ。久しぶりに逢ったので、手当などを与えた。

また、コイトイのアイヌ、茶右衛門という者は、この度の幕府の決まりをわきまえて、畑などを耕作していると聞いた。そのため、煙草、酒などを与えた。

明日の準備は、伊助に頼んだ。根室からの船は、海水が入り状態が良くないので、他の船を探すように話した。小船の漁船があるという。その船で、明日の朝、出かけることにした。案内人も三人増やした。

（注）間宮倫宗（林蔵）

探検家。常陸国筑波郡に生まれる。安永四（一七七五）年〜弘化元（一八四四）年。数学的な才能に恵まれていたため、幕吏として登用され、後に、伊能忠敬に測量術を学び、幕府から蝦夷地調査を命じられる。

写真十四　会津藩士の墓

慶応四（一八六八）年、戊辰戦争の時、標津に派遣されていた会津藩士は故郷に戻り、会津で戦った。このため、標津には会津藩士たちが居住した痕跡がほとんど残らなかった。

会津藩士が北方警備に当たった足跡として、野付半島には、会津藩士の墓が祀られている。文久三（一八六三）年、標津で亡くなった会津藩士、稲村兼久とその孫、同じく会津藩士の佐藤某の墓である（標津町歴史文化研究会『北辺の会津藩旗』）。

写真十五　チャシコツ

野付半島の入口、茶志骨川の南側に小高い丘がある。ここが、写真のチャシコツである。

一般的にチャシは、「砦」、「城」、「柵」、「柵囲い」の意味で、コツは、「跡」という意味のアイヌ語である。

編者（私）は、以前、チャシコツの丘の上に登って見たことがある。特に変哲も無いように見えたが、壕が掘られていたと記憶している。

文化六（一八〇九）年には樺太《サハリン》を経由して中国大陸（現・ロシア）に渡航、樺太が島であることを証明した。後に、間宮海峡と命名された（児玉幸多監修『日本史人物事典』要約引用）。

（注）野付の農作物栽培状況

安政四（一八五七）年、野付番屋人（通辞）加賀伝蔵は、野付半島のヲンネニクルで作物を栽培した畑、三カ所、ポンニクルで一カ所を絵図に書いている。

畑は、すぐ近くが海で海水があり、土地には塩分が含まれていたためか、他から土を運び、土壌改良のため客土《きゃくど》（良い土を畑に入れること）を行い、畑を作っていた（『別海町百年史　別紙附録』）。

安政五（一八五八）年、松浦武四郎が訪れた頃、野付には畑地が約一、〇〇〇坪（三・三反）ほどあった。陸稲《おかぼ》、大根、小麦、粟、稗、黍《きび》、大角豆、大豆、五升芋、茄子《なす》、麻《あさ》、紅花、藍《あい》、蕪菁《かぶ》、百合、葱《ねぎ》、長芋、牛蒡、紫蘇《しそ》、韮《にら》、西瓜《すいか》、唐辛子《とうがらし》など、三十種類ほど栽培されていたという（山本正編『近世蝦夷地農作物年表』）。

五月一日（新暦・六月十一日）

野付半島の湾内航行

早々に、番屋守の伝蔵に案内人を頼んだ。サキムイ（崎無異）から出稼ぎに来たアイヌ民族、哥吉、元の名はヲタイベ。シベツ（標津）の惣乙名カモイサンケの息子、源三郎、元の名はイ

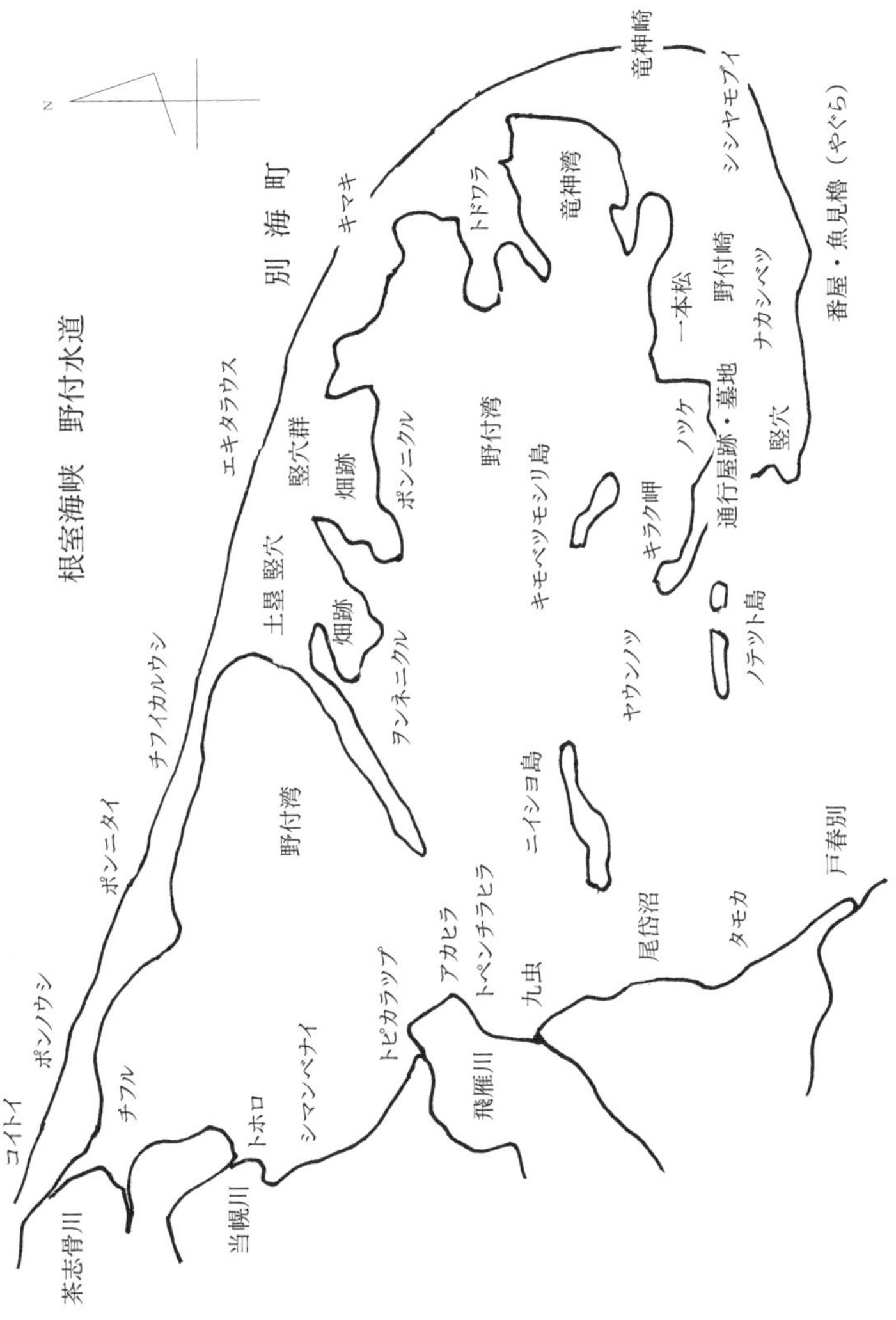

図版８　野付半島

戸田峯雄・本田克代両氏による『野付半島総合調査報告書（1975年２月）』
（松浦武四郎著・丸山道子訳『知床日誌』より）

ナンケクル。ウエンベツ（植別）の惣乙名、定右衛門、元の名はアイヨツキの三人を紹介してくれた。

三人は、出港の支度を整えたので、みんなに手拭いを一本づつ、阿波煙草を一つずつ、酒二升をお礼に与えた。

出港してヤウンノツモシリの北に入り、キモツヘモシリの間に出て、クツコロト、フブモシリ、ホンニクル、ヲンネニクル、イトシノツ、ツフカラウシ、ホンニタイ、また、左にトヒカリ、トホロなどを遠くに見て、コイトイヘツに入る。この間、およそ、十二キロ。ここに荷物を陸揚げして昼食にした。

（注）野付半島の付根、コイトイ

野付半島の付根、野付湾（尾岱沼）に面している場所。番屋、蔵数棟、人家十三戸。湾内から外海へ百八十メートルほど砂州がある。舟を湾内から人力で引っ張って、外海へ出すことが出来る（丸山道子訳『知床日誌』要約引用）。

標津番屋

これから外海岸に出て、チヤシコツ、ホニヲイの前を通り、シヘツ（標津）の川筋に入った。

この川筋は、河口から北の方の浜に六十メートル行くと左右に分かれている。右が本川で、左は標津番屋の前で行き止まりになっていた。

番屋一棟（百九十二坪）、御制札（お知らせなどの立て看板）、標柱がある。標柱には、当所からコイトイまで四・八キロ。トエヒラまで十二・二キロ。イシヤンまで三・二キロと記してあった。

塩切り蔵（百三坪・サケの加工場）、板蔵六棟、網蔵三棟、介抱物蔵（十二坪）、仕入れ蔵二棟（十七坪）、米蔵一棟（三十二坪）、炭蔵一棟（十五坪）、雑蔵二棟（四十七坪）、かんおう弁天の拝殿一棟（四坪半）、鍛冶蔵一棟（二十七坪半）、大工蔵一棟（八十七坪半）、井戸など整然と建てられていた。

また、並んで、少し北の方に、クナシリから出稼ぎに来たときの番屋一棟（六間半×五間）、板蔵三棟、茅蔵一棟（六間×六間）がある。

アイヌ名を和人名に改名

その表の方には、アイヌの住居が二十五軒ある。安政四（一八五七）年の人別帳と照合済みのアイヌ民族の家族を記入すると、次のようになる。年齢は数え年である。

（注）なぜか二軒目から
「戊午東西蝦夷山川地理取調日誌（上）・戊午志辺津日誌」の六一六ページ、上段の注意書き

の括弧書きによると、一軒目がなく二軒目からの記載となっている。

編者は、アイヌの人たちの軒数が多いので、分かりやすくするため、その「括弧《かっこ》書きの軒数」を「何軒目」として書き入れた。

(注) 和人名に改名

アイヌ民族の名を和人名に改名したというが、本人たちには興味もなく、知らないようだった。

アイヌの家族名

二軒目、惣乙名はカモイサンケ（改名・力助）六十八歳といい、この度の案内人の源三郎の父親である。弟モンシラリ（改名・佐之助）三十三歳、伯父エカシトメウシ六十一歳の四人で暮らしている。息子、源三郎は妻の家で暮らしているという。

この家で、カモイサンケに和人の名前に改名したことを聞くと、私たちには、自分の和人名が分からないので、会所へ行って聞いてほしいといった。後ほど会所で調べると、『力助』という和人の名前に改名したことが分かった。

三軒目、さて、その隣、家主は、標津番屋の小使カンカンヒ（改名・宅蔵）四十八歳、娘シネモン（元吉の妻）三十歳、孫ヌヘヒリ（改名・文次郎）九歳、孫モト当歳、孫、妹ヌンテ（改名・はな）七歳、孫、妹ヘヲマツ（改名・きく）五歳、孫、妹シュツミツ（改名・すえ）三歳など、七人で暮らしているが、全員、ノツケに出稼ぎに行って空家になっている。

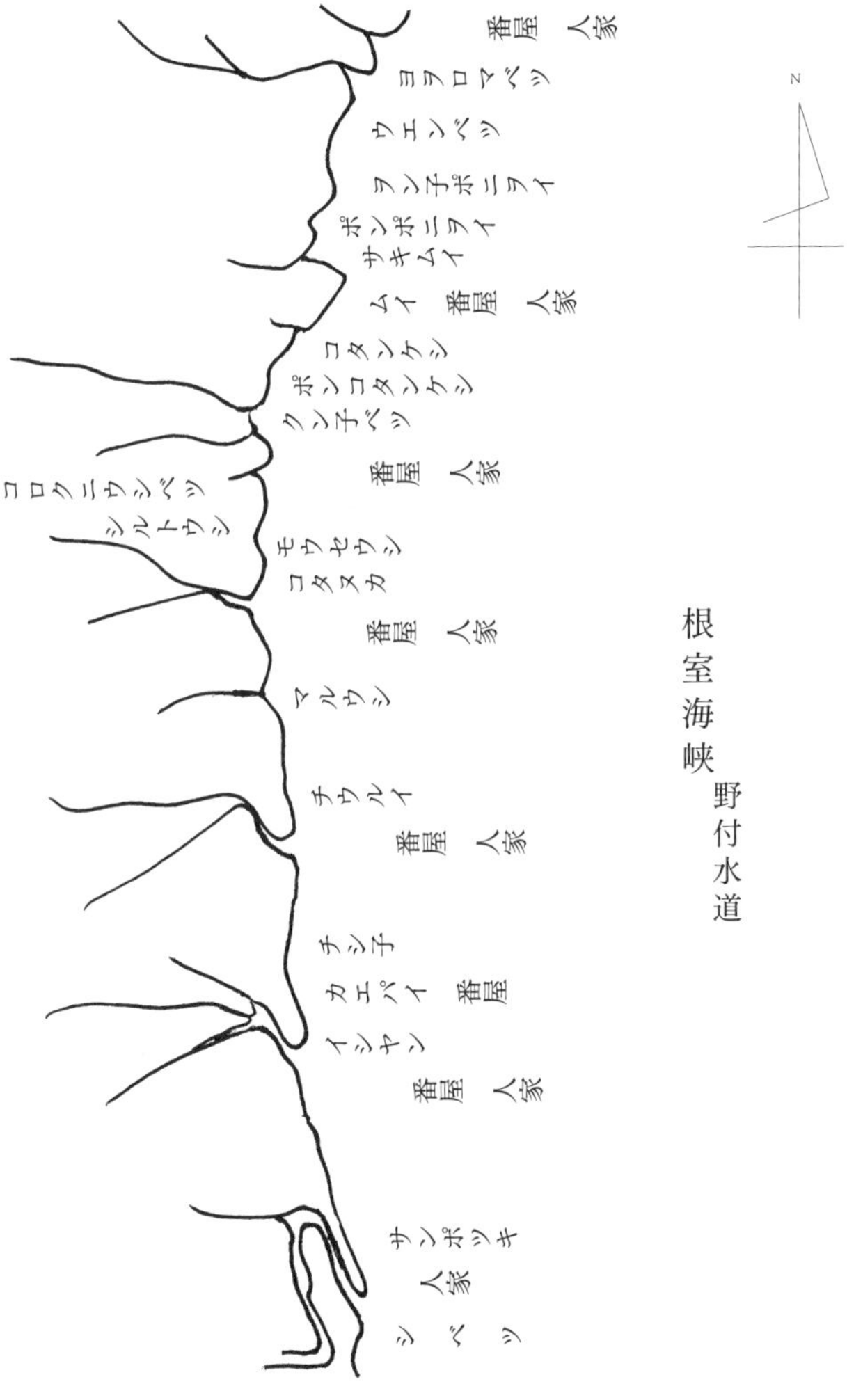

図版9　標津→忠類→古多糠→薫別→植別

四軒目、また、その隣、小使サンキッ（改名・三吉）三十九歳、妻コカハ四十一歳、息子ニウクド（改名・半蔵）十歳、妹キリマッ（改名・りき）七歳、使用人エコラリハ四十九歳など五人で暮らしている。

五軒目、また、その隣、小使アウラッカ（改名・卯市）五十一歳、妻コロクマンテ四十六歳、養子ヌサケシ（改名・金八）十二歳、妹アヲケシ（改名・たま）十歳など四人で暮らしている。

六軒目、また、その隣、家主エナンケラクロ（改名・慶次郎）三十九歳、妻テハクイ四十六歳の二人で暮らしている。

七軒目、また、その隣、家主モトアエノ（改名・元次郎）三十二歳、妻チヤロマレ三十二歳、ここも二人で暮らしている。

八軒目、また、その隣、ノエヘカイ（改名・仁八）四十一歳、妻シトエナヲカロ（改名・えし）二十八歳、姉アヘコサン四十三歳、アヘコサンと番人某の娘シリコム（改名・あさ）八歳、妹カカシユイ（改名・ふさ）六歳、弟ヲヲカイ（改名・大助）四歳、妹ナッ二歳など家族、七人で暮らしている。

九軒目、また、その隣、家主アヘンハ（改名・常吉）二十九歳、妻シリタク二十四歳、息子シケシユイ（改名・六郎）八歳、弟ケンハ（改名・源吉）四歳など、家族四人で暮らしている。

十軒目、また、その隣、家主クエカマ（改名・幸次郎）二十一歳、妻ヲカンカラ（改名・をさ）二十六歳、ヲカンカラの母ヤエハケ六十二歳など三人で暮らす。

十一軒目、また、その隣、家主センコムケ（改名・清蔵）三十歳、妻メノコバ二十八歳、母マツヌイ五十八歳、センコムケの妹、福蔵の妻キエ十七歳、飛蔵の妻シュン十九歳など五人で暮らしている。

十二軒目、また、その隣、家主、ウラチンケ五十七歳、妻ヲタヤ五十九歳、権之丞（ポノヤプケシ）の妻、娘シトキ三十一歳、同人の息子アシンベ（改名・宇吉）七歳、弟チシヤエレシカ（改名・喜六）五歳、弟宇太郎二歳、息子タニシ（改名・多吉）二十二歳、その妻シカトヨ（改名・かよ）二十歳、など、家族八人で暮らしている。

十三軒目、また、その隣、家主アハホアイノ五十八歳、ヲンネシトカの妻シメノコ（ヲタヤの娘）三十歳、娘マツ当歳、シメノコと番人某との子供、息子平太八歳、妹ヲンネフベケシ（改名・るえ）六歳、弟サケへ（改名・栄八）三歳、シメノコの弟チウクチヤリ（改名・忠助）十一歳、妹リエ八歳など家族八人で暮らしている。

十四軒目、また、その隣、家主セツコロ（改名・清次）三十一歳、妻シチヨンケ三十歳、娘ホンシタ（改名・まさ）六歳など家族三人で暮らしている。

十五軒目、また、その隣、家主ヲンネシトカ四十六歳、母リリコトナシ六十三歳、弟エヘカリ（改名・栄之助）二十九歳、妻ヤカム二十二歳、娘カシユモウ四歳、弟次助当歳など六人で暮らしている。

十六軒目、また、その隣、家主ハケウエンべ三十六歳、妻ホントクマツ三十五歳、息子カネチヤカ（改名・甚吉）十歳、弟シユケタ（改名・周次）九歳、三男チカフコエキ（改名・菊松）六歳、四男チヨシコロトシ（改名・米吉）二歳、厄介（居候）ルキル（改名・才吉）三十二歳、妻アネマト三十歳、息子チヤンチヤモウ（改名・孫次）九歳、ホントリマツ（改名・つな）当歳など、家族十人で暮らしている。

十七軒目、また、その隣、家主クンクマキ六十一歳、息子アハテクロ（改名・安次郎）二十八歳、嫁ムヌンケ（改名・むら）二十三歳など、家族三人で暮らしている。

十八軒目、また、その隣、家主ニシベカ（改名・九八）二十六歳、妻シナシケ二十五歳、兄ホントシカ（改名・又吉）二十九歳、その妻シユツテラン（改名・志和）三十六歳、志和の弟サケトンヒ（改名・飛蔵）十五歳、妹シトシヤ八歳、厄介（居候）チヤレ（改名・福蔵）二十歳、弟エナヲテシハ（改名・弥八）十二歳、三男ヤエレシカ（改名・蔵次郎）九歳、厄介同居シラミ三十三歳、妻ヤトコム四十六歳など、十一人で暮らしている。

十九軒目、その隣、ホノヤフケシ六十一歳、妻ニトラエベ五十九歳、息子エトロフイ（改名・元吉）三十六歳、二男ウエニケ（改名・権之丞）三十五歳、弟ノヤホン（改名・弥六）二十六歳、嫁ヤエシユイ（改名・やえ）二十三歳、娘サク当歳など、七人で暮らしている。

二十軒目、また、その隣、家主キサラシユイ（改名・喜八）四十六歳、妻チキルシ四十三歳、娘カシキ（改名・みや）九歳など、家族三人で暮らしている。

二十一軒目、また、その隣、家主テヘヌ（改名・寅治）三十歳、母コカコタク五十三歳、妻コトテ二十三歳、息子寅吉二歳。伯母フチエタ五十九歳、息子テレフクシ（改名・万吉）十九歳など、家族六人で暮らしている。

二十二軒目、また、その隣、家主ヌサホソ（改名・喜蔵）二十六歳、母チキミマツ五十九歳、妻ショテメ（改名・てる）二十六歳、妹テケバ（改名・れつ）二十二歳など、家族四人で暮らしている。

二十三軒目、また、その隣、家主ホンサマ（改名・鹿蔵）二十九歳、母チチヒテ五十七歳、叔父シノタク四十四歳、妻コニトシ三十三歳、娘エチウケ（改名・とし）九歳など、家族五人で暮らしている。

二十四軒目、また、その隣、家主サケラサツベ五十七歳、一人で暮らしている。

二十五軒目、また、その隣、家主キリカシマ五十八歳、妻エケメチウ五十四歳、母ヘテレクテ、当年九十六歳だという（文久元年九月二十二日、百歳で亡くなった）。

当所には、二十五軒、百十六人いるが、だんだんと五十歳以上の者が残るようになり、みんな、野付や根室の会所元などへ出稼ぎに行くので、家は恐らく空っぽになってしまうであろう。

夜になり、惣乙名カモイサンケ（力助）が、当所のアヲフニを呼びに来た。アヲフニは野山のことが詳しいので、案内人として働いてもらうためである。

五月二日（新暦・六月十二日）
標津川を上る

丸木舟で出発した。案内人はアイヌのアヲフニ、イナンゲクル、ノヤホンの三人である。伊助《イカシテレ》、サンゾの二人は、陸路を行かせ、舟が川を上って行けなくなるところで、待っているように話した。

標津番屋前から舟で行くと、川幅は百メートルから五十メートルぐらいで、流れは遅い。北に行くと砂岸であり、およそ、五百メートル行くと、右は小石の原で、浜まで、わずか、百八十メートルぐらいである。左は平地でハンノキ、ヤナギだけである。

浜の方にクナシリからの出稼ぎ小屋などが見え、そこを一キロほど行くと、ここから右へ左へと川は蛇行していた。左に岬があり、ホロノタ（大きい野の出っ張り、川の湾曲の意味）という。この辺は山の中になり、左のノタ（岬）の方になる。

一キロ以上行くと、番屋の後ろ当たり着いた。この辺は両岸とも谷地が多い。川の状況は右に左に蛇行している。およそ、番屋から八キロぐらいの右に、モサフト（武佐川河口）があり、ここは二股になっている。川幅、約三十六メートル、左の本川（標津川）の方は、川幅、約百二十メートルぐらいあるように見える。

この辺から川の流れが激しくなっている。地名のモサは、昔、ヌーといっていた。魚類がたくさん入るために、『モサ』に改められた。

ヌーとは『温泉のように水の湧くところ』をいう。その水源に、水が湧き出るところがある。また、川筋にところどころ温泉のようなところがあるので、その名が付けられているという。また、一説にはモサとは、モーと延ばした言葉で、『小さなこと』をいう。シーは『大きい本川』をいい、シベツのことをいう。おそらく、ここの二股から上をシベツと総称していると思う。

この辺はケトイに近い。武佐川の川口のそばにアイヌ民族の住居が一軒あった。家主は前に記録したクエカマ（改名・幸次郎）の家（今は、シベツ番屋の近くに家族三人で住んでいる）である。

この辺は谷地が多く陸路は険しい。

少し上がるとケトイがあり、川岸の上は平らである。また、並んでシユラという小川が右の方にある。ここに、アイヌ民族のアヲフニ六十歳の家がある。

ここに立ち寄り休憩した。妻イタヌクテ五十二歳、息子エカシユワウク十二歳、弟キリカシユマ五十八歳（キリカシユマは、現在、標津の番屋近くで家族三人で住み、働いている）の家族四人で暮らしているが、息子と弟は、浜へ下り住んでいるので不在である。

鹿の道

ここから奥には、舟で行くことが出来ない。この辺は大ササの原で、ハンノキ、ヤナギの木、トクサが多い。また、谷地が多く、倒れた木が川をふさいでいる。

ここから陸に上がり、見物しながら鹿の道をたどると、ウツラフトがあり、右の方に小川がある。この小川は流れが速く水源は遠いという。その水源は斜里、根室の境目にあり、テクンベヤウノホリ（武佐岳）が水源という。その地名は、昔、『鹿を獲って、脇腹の骨を捨てたところ』という意味である。

この辺に、昔、住んでいたアイヌ民族の家があるという。そこを少し上がると、ホンヲソロマがあり、右の方に小川がある。この小川もテクンベヤウの方から流れている。その意味は、昔、『判官様がここに来て、魚を獲って食い、その余りをここに投げ捨てた』という。そこにも、昔の人家があるという。

また、しばらく行くと、ヲンネヲソロマがあり、右の方からの小川がある。ここから我々は戻ったので、これより上の方は、すべて、アヲフニとイナンケクルに聞いて記録した。

ヲンネヲソロマの意味は、『ホンヲソロマより少し大きい』ので、その名が付いたという。ここにも、昔、人家があったという。

また、少し上の右の方に、イロンネベツという小川がある。その意味は『河口から水源までササが多い』という意味である。ロンネは『ササ』のことをいう。正式には、イロンネウシヘツという。ここにも、昔、人家があったそうだ。今はない。

仕掛け弓

また、しばらく右の方へ行くと、クテクンベツという小川がある。雑木が立って背丈の低い

絵図２　仕掛け弓の図（アマッポ）
（『松浦武四郎選集　二』「蝦夷訓蒙図彙」）

ササ原である。昔、ここへアマッポ（仕掛け弓）をたくさん仕掛けたという。よって、クテクンとは、『アマッポの仕掛けがある』という意味である。ここにも、昔、人家があったという。今はない。

また、しばらく上がると、ヲフルンベがある。右の方に中ぐらいの川がある。この川の奥にチクイラヘッという小川がある。ここは斜里、根室のアイヌ民族が接する境である。雑木林があり、この辺から両岸が山になる。

ワシを捕る小屋

ここには、ワシを捕りに来る時の質素な草葺きの小屋が、川端にある。時々、草葺きの小屋のところまで、水が増えてくるので、日和の模様を見ながらそこに行く。昔、人家があったが、今はない。

また、しばらく同じ右の方に行くと、シユニホクという小川がある。昔、鍋を炉に吊す鈎《かぎ》にする木を、ここで取って置いたところ、そのまま枝や葉が生きて大木になった。そのため、その名が付いたという。

シユは『鍋』、ニは『木』である。ホクは『ある』のことである。ここにも、昔、人家があったというが、今はない。そこに人家がある頃は、舟がここまで上がって来ていた。年々、人家もなくなり、倒れ木など誰も取り除く人がいなくなったので、今は舟が上れなくなった。

また、しばらく右の方に上がると、ホンシユニホクという小川がある。両岸はいよいよ高い山になる。シユニホクより少し小さな小川である。

また、しばらく上に上がり、左の方に行くと、高い山の間にシユマヲメムという小川がある。その上に一つのメムがあり、その周りは一面大きな岩がある。シユマは『岩がある』、メムは『水溜まり』の意味である。

サケの産卵場所

また、しばらく左の方に行くと、ヲマホシユウシという小川がある。ここは高い山の間である。川の水は冷たく澄んでいるので、底の小石にサケが卵を多く産む。ホマは『漁卵』、ホシユは『産む』、ウシは『多い』という意味である。

また、しばらく上がると、右の方にサラケシベツという小川が高い山の間にある。その川口にはアシやオギが多い。そのため、その名があるという。

また、しばらく上がると、ヘテウコキがある。ここは『二股』になり、右のほうが少し小さい。ここをホンモサという。その意味は『モサの小さな川』という。

また、ここから左は本川である。しばらく上がると、右にクヲヲベツという小川がある。この川口は、昔、ワシを獲り、熊を獲って年を越すアイヌ民族の小屋があったという。クヲは『弓の川』という意味。

また、高い山の間をしばらく過ぎて左に、チエツフンモサという小川がある。この川は『魚が多い』ので、その名が付けられているという。

また、これより少し上がり、同じく左の方にチエツフシヤクモサという小川がある。ここから上は魚類がいないので、その名があるという。

根室と斜里の両界

また、しばらく行くと、モサイトコがある。ここはモサヘツの水源である。その上は根室、斜里の両界である。

チセネノホリというところに至った。この山の後ろは斜里の領分になる。すべての山は険しく樹木も多い。氷雪の頃は、標津の番屋から二日半ぐらいで来ることができるという。夏は来る者がいない。

ここから斜里会所元へ氷雪の上を歩いて、一日半ぐらいで下ることができるという。魚類は、ヤマメ、イワナ、マス、サケ、アカハラ、ウグイ、イトウ、カジカなどが多い。

アヲフニの家で昼食にしてから、本川に行った。川の流れが早かった。ここから、急流をかき上がると、最近は舟をあまり上らせないためか、倒れ木多く危ない。三人ともここの出身なので、川の様子を知っているため、はかどった。

このところの南岸の平地の上をシトナウケハウシといい、小川がある。ここに、昔、人家があったという。今はない。この辺はハンノキ、カバの木など多い。ここは標津番屋の薪を取る場所である。

陸地に道、俵橋《チナナ》

ここから、陸地に道がある。また、しばらく行くとトイヒラがある。左の方は平野で雑木林である。小休止する小屋があり、その下は崖で平になっている。そのため、その名がある。トイヒラは黒土の平をいう。前に標柱がある。シベツ（標津）に九・四キロ、チナナ（俵橋）に六・五キロと書いてある。ここにも、昔、人家があったという。

また、しばらく行くと、左の方にトウボ（標津と中標津の境界）という小川がある。その上は平らで谷地である。上に小さな沼があるという。トウボは『沼がある』の意味。ここにも、昔、人家があったという。今はない。ここも道がある。

また、しばらく過ぎると、右の方にホンヘツチヤロという小川がある。小さな平らなところ

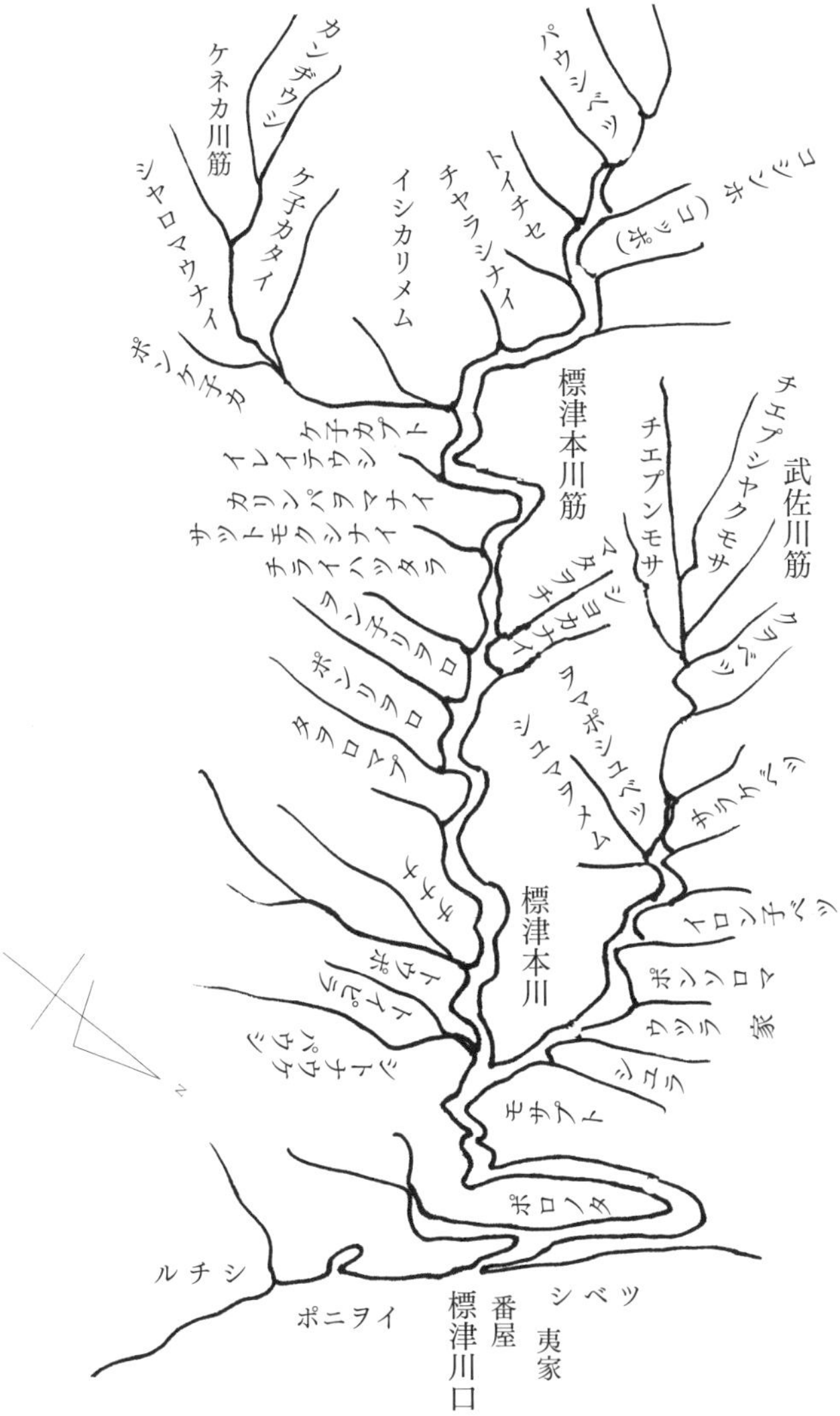

図版10　標津川筋・計根別川筋・武佐川筋

から、滝の水が落ちている。

また、しばらく上がると、左の方に小川、ヲニセッフがある。上は平山で雑木林である。

また、しばらく行くと、同じく並んでチナナ（俵橋）という小川がある。ここも黒土で平らである。上に小休止する場所があり、夕方、五時半頃、ここに舟を着けた。

上がって見ると、陸路を歩いたイカシテレとサンゾウの二人とも、荷物をここに置いて、どこかへ行っていなかった。不思議に思った。

体長一メートルのイトウ

いずれにしても、草葺きの小屋の床に木の皮を敷き、晩ご飯の用意をして休んでいると、イカシテレとサンゾウの二人が、体長一メートルぐらいのイトウ三匹とアメマスを五匹捕って来た。これを見て一同、驚き喜んで、今日の疲れも忘れた。

小屋のそばに小川があり、チナナはこの川の名であるという。前に標柱がある。トエヒラエに六・五キロ、アシタロマフに五キロと書いてあった。

チナナとは、昔、ここまで根室のアイヌ民族が住んで、食糧のサケを捕って、『干しサケ（チナナ）』を作っていたので、その名が付いたという。

ここから上、昔はホンリヲロまで舟で行けたが、今はここまでで、上には行けないそうだ。

五月三日（新暦・六月十三日）

中標津《アシタロマフ》

明け方早くから支度をして出発した。雑木林をしばらく過ぎると、左の方に小川、フシコアシタロマフ（フシコタヌルヲマプ）がある。この地名は、『木がたくさんある』という意味である。また、しばらく上がると、同じく左に川があり、アシタロマフ（中標津・アシリタヌルヲマブ）という。上は谷地のようであり、雑木があり、沢、山になっている。

昔、斜里のアイヌが、ここに来て家を建てたという。今はない。小休止場所が一つある。前に標柱がある。チライワタラ（魚のイトウがいる深い川の意）に八・八キロと書いてある。ここの崖の上は風景がいい。

また、しばらく行き、小さな坂を一つ越えると、チトエウシがある。同じく左岸の小川である。ここにも、昔、斜里のアイヌが住んでいたという。意味は『坂があるところに水がある』という。

また、しばらく上がり坂を越えると、左の方にホンリヲロという小川がある。ここも、昔、斜里のアイヌが住んでいたという。また、一緒に来た案内人のアヲフニは、ここで生まれたという。そのようなことで、根室、斜里の両方のアイヌ民族が入り混じって住んでいたと思われる。

また、しばらく上がると、ヲンネリヲロ、左の方に小川がある。ここも斜里のアイヌ民族が住んでいたという跡があった。

写真十六　標津川中流・俵橋《チナナ》

五月二日（新暦・六月十二日）、松浦武四郎は標津川河口から舟で標津川上流に向かった。支流河口付近のチナナ（俵橋）で、舟から降り野宿の準備をした。陸を歩いて先に行っていたアイヌ民族の二人の案内人が一メートルほどのイトウを三匹捕って来た。

また、向こう岸はショカナイというところで、右に小川がある。ここにも斜里のアイヌ民族の小屋の跡がある。その川口は見なかった。この辺の両岸は雑木林で大木がある。

俣落《マタヲチ》

また、少し上がって向こう岸の右の方に小川があり、マタヲチ（俣落）という。ここにも斜里のアイヌ民族が住んだ跡がある。この川口のあたりは、それほどの高いところの山ではないが、川の上流はメナシ山（知床の山々）に続いている。

また、上がり、坂を一つ越えて左にヤヲカという小川がある。その上は谷地で、その辺はみんな雑木林である。しばらく過ぎると、カシワの林に至る。ここの両岸は崖で、水の勢いが激しい。

しばらく過ぎると、チラエワタラ、正式名はチラエワツタラ。『魚のイトウがいる川の深いところ』という。チラエは『川魚のイトウ』、ワツタラは『渕《ふち》（川の深いところ）』のことをいう。

安政三年、通行屋あり

この辺は平地である。安政三（一八五六）年に、通行屋を一棟建てた。板蔵一棟などがある。前に標柱がある。これによるとケネカブト（計根別）に六・八キロ、アシタロマフに八・八キロと書いてあった。ここで昼ご飯を食べてから出発した。

雑木林をしばらく過ぎると、左の方に小川があり、サリトモクシナイ、正式名シャリトウクシナイという。その意味は『湿った沢の沼から来る』という。シャリは『蘆荻（アシとオギ）がある湿った沢』、トウは『沼』、クシは『ある』という意味である。

また、しばらく上がると左に小川、カリンハヲマナイがある。この辺はハンノキ、サクラの木が多い。『サクラがある』ので、その名が付けられた。

また、しばらく左に行くとホンイレウトウシという小川がある。昔、『ワシが多くいた』ので、その名が付けられたという。また、しばらく谷地のようなところを越え、左にホロイレウトウシという小川がある。同じ意味という。

並んで同じく左の方に、ヲフユンベという小川がある。上は谷地でこの辺はすべてアシやオギの原、ハンノキが多い。

計根別《ケネカブト》

また、しばらく過ぎると、陸に野道がある。川筋は遙か北の方になり、ケネカブト（計根別）がある。ここは二股で、これより本川は右へ入り、ケネカは左に入る。川幅、およそ、十四メートル、深く急流。橋がある。

その北岸に小休所が一カ所ある。そのところの前に標柱がある。ここから東根室領である。この境目とは別に、私（武四郎）が、『古多無宇登留志（コタンウトロ誌場所境取調書上）』という書に記録するので、いろいろあるが省略する。

さて、私（武四郎）は、ここから本街道を通り、本川の方へ行くのは止め、その橋を渡った。ケネカ川筋の釧路領に境柱がある。カンチウシに十四・六キロ、チライワタラに六・八キロと書いてある。

川の西北岸をしばらく行くと、本道のそばにイシカリメムがある。この川、ケネカ川に流れる。その辺は小さな平山でカシワ、ナラの林があり、カヤ原がある。

小さなメム（泉・池）がある。そのメムは行き止まっているので、その名があるという。イシカリは『物の向きの行き止まり』をいう。メムは『水溜まり』のことである。

そのまま川を上がると、左の方にホンケネカがある。ハンノキが少しあるという意味である。ケネは『ハンノキ』のこと。

ここに境柱がある。その源は西別の山の方向へ、上には先の新道跡、これより、釧路川の川筋の標茶の方に行く陸路ありと書いてある。今は道が絶えなくなっているようだ。昔、川の東に根室の番屋があり、宿泊所だったという。

一里塚

また、しばらく上がると、右の方の新道にチラライという小川がある。この川もケネカ川に流れている。この辺はカシワ、ナラの林である。一里塚がある。

また、しばらく野原を行くと、同じく新道のヲコウトロがある。『野の中ほど』という意味である。ここにも一里塚がある。

また、しばらく行くと川がある。シヨロマヲヘツという。左の方に源があり、西別の山の方から来ている。

この両岸に芒《ススキ》、紫《ムラサキクサ》、薇《ゼンマイ》が多いことから、その名がある。シヨロマは『ぜんまい』のこと。

この川口から、五、六百メートルも上に、ホンシヨロマヲナイというところがある。また、しばらく上がると右に、カンチウシブトというところがあり、川幅十メートルぐらいである。

ここにも一里塚がある。

(注) 一里塚

一里、約四キロごとに土を盛り、松等を植え旅人の目印にした塚(『集英社・国語辞典』)。

養老牛

この川口から七、八百メートルぐらい上に、新道の昼飯所(養老牛)がある。その前に標柱がある。

ケネワツに約六キロ、ケネカブト(計根別)に十二・二キロと書いてある。ここは釧路に行く道で、通行には、ここへ釧路から昼飯を持ってきて賄うという。

カンチウシブトの地名の意味は『矢が当たり刺さる』という。ここは、昔、アイヌ民族が、弓の矢を試したところである。

また、左の方に本川筋を上がると、両岸が平山になっている。カシワ、ナラの林をしばらく行くと、ホンケネタイという小川が右の方にある。その周りにハンノキが多いので、その名が付いている。ここに、昔、小休所があったという。今は、この道、埋没してなくなった。

しばらく行くと、キムンチャンがある。ここはケネカの川筋である。地名の意味は『サケが卵を産む』という。ここを行くと、シニウシに小休所がある。

そこを越えるとケネカ川に出る。ここに、当時、斜里との境柱があった。このことは『摩周誌』などに記したので、ここでは省略する。

その源、西別岳、摩周岳と斜里のルウチシとの間の沢から来る。すべて、この間のクスリ領へ、二十・七キロと記してあり、近いように感じた。二十・七キロとするのは、昔の道筋ホンケネカの境目よりシユワムの上を越えて、ホンケネタイに出る道筋である。

今の道は、斜里のアイヌ民族が、根室に出稼ぎに行く山道を、最近、改めて開いたという。およそ、四キロぐらい近くなったように思う。

私たちは、ケネカブトから道もないところを北の方に出て、雑木林をしばらく歩き、標津川の川筋に行った。川端は背丈の低いササ原で歩きにくかった。少し上にはササがなく、歩きやすかった。

しばらく行くと、左の方にチャラシナイという小川がある。ここはイシカリメムの後ろの方から流れてくる。その意味は『滝のようになる川』という。

また、しばらく行くと、モアンという相応の川がある。この源は、チウルイ岳の方から流れてくるという。

食土

また、しばらく行くとトイチセナイという小川がある。その両岸は崖で『食土』があるため、その名が付けられたという。私たちはここまで下った。

さて、これより奥のことはアヲフニから聞いたことを記す。この辺の右はチウルイノホリ、左はカンチウシノホリで、ここの上に一つの温泉があるという。ここへはカンチウシから入ると四キロぐらいと聞く。

しばらく行くと左の方に、それなりの川、ハウシベツがある。両岸は険しく高い山である。その意味は『判官様が熊を捕られたのが山になった』という。

また、しばらく上がると、右の方にコッホという小川がある。その意味は『両方が高く、その中は低い』ことをいう。

また、しばらく行くと、右の方に、トットエウシベツという小川がある。この川筋は、昔、ササが多かったが、今はない。両方が険しい山になっている。

養老牛温泉

また、しばらく行くと、左の方に小川があり、モシーベツ（養老牛温泉）がある。『小さなシベツ』という意味である。

また、しばらく上がるとシアンがある。ここは二股で、両方同じぐらいの川筋である。その右の方をテクンベウシノホリ、その後ろはチウルイの源で、チセネノホリ、ヲンネノホリ、斜里岳など三方に別れている。氷雪の時期は、この上から斜里水源に近いと聞いた。

私たちはケネカフト（計根別）で一泊した。

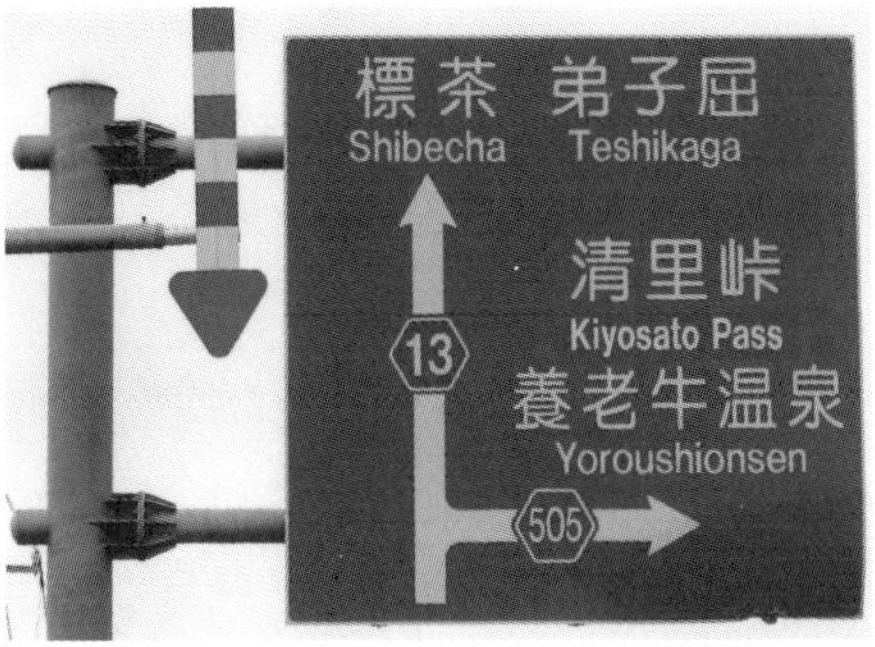

五月四日（新暦・六月十四日）

標津の番屋に着く

朝早く出発する。チライワタラに着いたのは、八時過ぎである。道筋を、また、しばらく下り、チナナに、昼頃、着いた。ここから私（武四郎）たち三人は、シベツの番屋まで舟で下った。また、始めから陸路を歩いていた二人の案内人は、陸の道を下り、夕方、四時過ぎ、標津番屋にたどり着いた。

二人は陸の道を歩き、夕暮れに番屋に着いてから、明日からのシレトコ行きの支度を始めた。

今日、アヲブニに案内のお礼のため、糀《こうじ》(酒を造る)二升、米三升、煙草三把を与えた。

写真十七　養老牛温泉

五月三日（新暦・六月十三日）、松浦武四郎は、早朝、チナナを出発。歩いてアシタロマフ（中標津）、マタオチ（俣落）、ケネカブト（計根別）まで行った。そこから新道の昼飯所（養老牛）まで歩いた。養老牛に温泉があることには、記されていなかった。

途中、標柱や一里塚があった。意外と開け、整備されていたのだ。ケネカブトで一泊して、次の日、標津川河口まで下った。

第四章

戊午 女奈之日誌

松浦武四郎著

戊午　女奈之日誌　安政五（一八五八）年

知床《シレトコ》に至る紀行

メナシとは、『東』という意味である。東部のアイヌはこの辺を指して『メナシ』という。寛政元年の『蝦夷の乱』の時の『蝦夷の乱』という言葉を忌み嫌って、『メナシの乱』という。

この辺から、知床半島、東に突き出ているので、その名が付いたという。

また、野付半島のコイトイから東は、アイヌ民族の住居地である。昔から七カ所ある。コイトイ、崎無異、標津、植別、イシャン、薫別、忠類などである。その土地にいずれも番屋があり、これを『メナシ七番屋』という。

また、近頃は、コイトイ、ホニヲイ、標津などを省いて、三本木から先々のイシャン、カエハエ、忠類、古多糠、薫別、サキムイ、植別の中のカエハエは、国後島からの出稼ぎの番屋のため、省いて七番屋という。

その内、三本木、古多糠はアイヌがいない。出稼ぎのためで、この他のアイヌも出稼ぎに行っている。この辺の番屋を一つひとつ見ながら歩いた、知床に至る紀行である。

（注）標津の大番屋

根室の交易所の北方八十キロほどのところに、標津の大番屋がある。その北東一帯に、伊茶仁、野付のコイトイ、茶志骨、崎無異、植別、忠類、薫別など七ヵ所の番屋ある。付近にはアイヌ民族の家がいくらかあって、これを『目梨の七カ村』という。メナシ（目梨）とは、『東の端』という意味である。

このあたりは、ひじょうに奥地のため、アイヌの人たちに対する教化も行き届かず、去る寛政元（一七八九）年の『国後の反乱』の際にも、この地のアイヌの人たちの多くが、国後島のマメキリに加担して蜂起し、一大事を起こした（松浦武四郎著『アイヌ人物誌』要約引用）。

（注）寛政元年の『蝦夷の蜂起』

寛政元（一七八九）年に起こった『蝦夷の蜂起』は、『メナシの戦い』、『国後の戦い』、『国後目梨騒動』などといわれている。

知床の標柱

さて、ここで面白い話がある。五月四日（新暦・六月十四日）の夕方、カモイサンケがやって来て、『その方（武四郎に対して）は、知床のことをよく知っているのか』と聞いた。私（武四郎）は、『以前、ようやく、初めて行ったとき、標柱を建てた』と云うと、カモイサンケは『それは何人のセットバ（墓標）か』と聞いた。私は、『昔からあるセットバで、それを手入れするため行く』と答えた。

カモイサンケは、和語がよく理解出来ず、縁のある人の卒塔婆（墓標）と思っているようだった。それで、案内人のノヤホンが、その時、同行するので、知床に行ったとき、見て確かめたほうがいいと話した。

六日（新暦・十六日）、夕方、知床に着き、見て確かめたところ、これは斜里、根室領境の標柱であり、実に可笑しかった。

標柱を『セットウバ』とアイヌ語で訳すと、『一里柱、道分杭、卒塔婆、墓標、標柱』などになる。それぞれ異なり、いろいろと入り混じるので、後々の参考（アイヌ語と和語の相互理解）として、ここに書いておいた。

五月五日（新暦・六月十五日）
伊茶仁《イジャニ》
靄《もや》が深い。私（武四郎）と植別の乙名アイヨツキの二人は、歩いた。残りの六人、植別のトチキルシ、茶志骨のチンパウとイカシテレ、モサのアヲプニ、古多糠のペトイレシユ、薫別のサンゾウは、岸伝いに舟で行った。海岸は小石の原で歩きずらかった。
一・二キロほど行くと、サンボツキ（三本木）というところがある。平浜で小石の原である。その地名は、昔、色丹島のアイヌの人たちが花咲に来てから、ここへ出稼ぎに来て、『魚を干す棚を砂浜に作った』ので、その名が付いたという。サンは『棚』、ボッキは『立てて置く』の意味である。

当時、色丹島のアイヌの人たちは死に絶えて、今は、植別のアイヌの人たちなどが来て、サケ漁を行っている。

番屋一棟（四間×十二間）、茅蔵二棟（三間×四間・三間×十間）、板蔵三棟（二間×二間・二間×二間半・九尺×二間）、稲荷の社がある。すぐ、その後ろは、標津川の川筋である。

同じく浜をしばらく行くと、伊茶仁があり、そこの標柱に、忠類へ三・八キロと書いてある。川があり、川の南に番屋一棟（百一坪）、板蔵八棟、稲荷の社、御制札（立て札）、井戸などがある。伊茶仁の意味は『細い川にサケが産卵する（伊茶仁川とポー川がある）』という。

伊茶仁に人家七軒、三十九人

後ろに、アイヌの住居が七軒ある。

一軒目、ここの乙名はイシャトエ（人別帳ではイヤトエ・改名、次郎兵衛）五十九歳、妻テシユイケ五十五歳、婿ゲンザワ二十五歳、娘シユツタケ（改名・しゅん）二十三歳、妹シタク（改名・つる）十五歳、家主の弟トレシユエキ（改名・太八）五十一歳、孫娘サントマレ（改名・たけ）六歳、弟達平二歳、二男ナケマツ当歳など、九人家族であるが、今は乙名夫婦だけが残って生活している。

二軒目、また、その隣、小使イカシュエ（改名・石蔵）三十五歳、弟コンサエ（改名・権助）、三十三歳、三男ヲモイタク（改名・喜八）三十一歳、四男ヌツベ（改名・平蔵）二十四歳、五男チエマ（改名・千代吉）十四歳、小使石蔵の妹ヲトマレ二（善八の妻）十五歳、石蔵の母トエレハケ四十九歳など、七人で暮らしている。

三軒目、また、その隣、家主イタレクワン（改名・卯助）、四十五歳、妻キンコ四十一歳、娘ヌイモノ（改名・むめ）、十一歳、弟ウレクワ（改名・卯七）三歳、妹きた当歳、卯助の姉キチシテ（トマムの後家）五十三歳、キンコの娘キレ当歳など七人で、暮らしている。

四軒目、また、その隣、家主ワツカウンクル六十六歳、後妻ヘニヲイ二十八歳、娘シュレラン（改名・この、平蔵の妻・番人の妾）三十一歳、息子イカセリバ（改名・伊助または伊八）二十九歳、妹シトキ二十五歳、伯母テケシヤンケ五十七歳など、六人で暮らしている。

五軒目、また、その隣、家主シュトロ（改名・政吉）十五歳、政吉の祖母ヘウルト五十六歳、同じくハナ（権助の妻）四十一歳、妹カムレ（改名・かん、ベウルトの娘、イカセリハの妻）三十歳など、家族四人で暮らしている。

六軒目、また、その隣、家主コロコ（改名・小八）五十七歳、妻クワクワ四十一歳、娘ハル二歳の家族三人で暮らしている。

七軒目、また、その隣、家主センルキ（改名・善八）三十五歳、妹アヘ十九歳、妹サシュレ（改名・まつ）十七歳など、三人で暮らしている。

合計七軒、三十九人であるが、野付や会所元に出稼ぎに行き、ここには、わずかの老人だけが残っている。

（柱）伊茶仁カリカリウス遺跡（標津町）

好事家である松浦武四郎は、北海道内の探査中の日誌に、チャシコツ（砦址）の記録を行い、時には、ヤジリ、石斧、砥石などの収集を行っている。

そのため、標津の海岸線を通過中に、案内人のアイヌ民族から、竪穴住居跡遺跡の情報など聞いていたと思われるが、今回の日誌には、それらが記録されていないのが不思議である。

一例として、松浦武四郎が通過した地点にある、カリカリウス竪穴住居跡の遺跡について紹介する。

各河川の河口周辺にはアイヌの人たちの集落があり、人びとが住んでいた。河口付近の海岸段丘や河川の高台などには遺跡が多い。その中で、標津川河口の西方、伊茶仁地域のカリカリウス竪穴群は、地表から観察出来るだけでも、一、二四〇を越える竪穴住居があり、チャシ跡も残っている。

伊茶仁川とポー川の二つに挟まれたカリカリウス遺跡は、二つの河川に生息するイトウや遡上するサケ、マスなどが豊富で、後背地には鹿や熊などの動物、植物などの食糧資源を背景とした立地条件にある。

カリカリウス竪穴群の遺跡は、旧石器時代以来、縄文、続縄文、擦文時代、オホーツク文化に至るまで、多くの人びとが住み続けた（『標津町史』要約引用）。

サケの産卵場

ここに、川幅、七、八メートルほどの川がある。浅く清流、急流で小石が多い。この川の河口からしばらく上がると、左に小川がある。フルホクという。この辺は平地で、『少し行くと坂がある』という意味だそうである。

また、しばらく行くと、ハッシャシ、正式の名ハッチャシという。昔、ここで戦いがあり、『木の枝で垣根を作った』というので、その名が付いたという。

また、しばらく行くと、右の方にアットリタナイという小川がある。ここは小石があり、清流で『食草のヤチブキがある』という意味だそうである。

また、しばらく上がって行くと、左の方に、シタホコルクシという小川がある。昔、ここにも人家があった。『判官様が来て子犬を奉った』とのことで、その名があるという。

また、少し上がると、ヘケレイチャンという中川がある。ここは二股のようになって、片方から来る水が透明のため、その名が付いているという。ヘレケは『明るい』、イチャンは『サケの産卵場』という意味である。

それより右に、シイイチャンがある。その水源はチセネノホリの方に向かい、シャリ（斜里）

の山間に入る。樹木はすべて巨木で山間部は険しい。魚類はサケ、マス、アメマス、イトウなど多い。これは乙名イヤトエが教えてくれたことである。

国後島からの出稼ぎ番屋

また、川を越えて同じ海岸の浜を歩くと、上に一つの漁屋があった。ここをカエバイという。ここに番屋一棟、板蔵二棟、茅蔵一棟がある。ここは国後島からの出稼ぎ場所であり、斜里のアイヌたちが引き揚げたところである。その地の名は『波の音が高い』という意味であるという。また、同じく浜を行くと、五百メートルほどでフチヤシナイという小川がある。訛ってヲサチナイという。意味は『時々、水が出る』、また『干し上がる』という。

また、そこを越えて行くと、海岸が崖になっている。並んで百メートルほど行くと、チシネという赤土が崩れて平らなところに出る。その下は砂が硬く歩きやすい。この辺に来ると深い靄が晴れて、国後島がよく見えた。

これからしばらく、およそ、二・八キロ行くと、忠類がある。『汐が早い』という意味である。川幅約十八メートルで深い。また、その川は汐が早いときは、川の瀬が幾つにも分かれ、河口から三、四百メートルも上がるという。

忠類川川筋の手前に、番屋一棟（四間×八間）、茅蔵二棟（三間×四間・五間×十間）、板蔵二棟（四間×三間・二間半×十間）がある。

また、ここの川を越えて三、四百メートルも上がると、ハンノキ、ヤナギが多く、沢が広い。左の方に小川、コトコツケイがある。その意味は分からない。

また、しばらく上がると、左の方にホロヒラがある。ここは赤土で平らなところである。上には谷地がある。その平地の中にところどころ水が湧き流れ落ちている。冬はその水が凍り、氷が簾のようになる。

また、並んでトンタンヒラが右の方にある。崖で上が平地である。最近できたという。

また、しばらく行くと、右の方にマクンベツがある。大川が二つになり、その中が島になっている。

また、しばらく行くとワワウシがある。そこから樹木が多く茂っている。そこを『山に行く者が越える』という意味や、また、一説には『木の倉庫』のようになっているので、その名が付けられたという。

また、その並びの左の方に、ヲランコウシナイという小川がある。この川筋は『カツラの木が多い』ので、その名が付けられたという。

また、しばらく行くと右の方に小川、ニイフウシがある。ここから『木が多く重なり、倉庫のようになっている』ので、その名が付けられたという。ニイは『木』のこと。フは『倉庫』の意味である。ウシは『多い』という意味である。

また、しばらく過ぎると、右にヨコウシベツという小川がある。昔、この辺の海岸は汐の流れが速く、漁業が難しいので、この川筋に来て漁業を行った。そのため、その名があるという。また、少し上がると、ケネウシヒラという小川がある。その両岸は平らで、『ハンノキが多い』ので、その名がある。

また、並んで、フウレヒラがある。右の方に赤土が崩れた岸がある。

また、並んで、クンネヒラがある。左の方に『黒土で平地がある』ので、その名がある。

また、しばらく過ぎると、中ぐらいの川、トコツナイが右の方にある。この辺まで来ると、高い山が多い。この小川の両方はすぐ山になる。それで名が付けられたという。

また、しばらく過ぎて、右の方にニヨウロマイという小川がある。ここには『倒木が重なっている』ので、その名があるという。

また、右の方に小川、ホンニシヨマイがある。ホンニヨウロマイの訛りである。

また、しばらく過ぎて、左の方に小川、イシヨケシヨマフがある。ここに滝が一つある。『その上のところから切れて、ここへ落ちる』という意味だそうである。

金山の滝、川北温泉

また、少し上にソウ（金山の滝）がある。高さ、約十一・三メートル。これは忠類川に滝となって流れ落ちている。

また、しばらく上がると、小川、ソウエンコロヲマフが左の方にある。これは『滝の上にある』という意味である。両岸が険しく高い山である。そのそばに温泉（川北温泉か）がある。

また、しばらく過ぎて、左に小川、ホリカチウルイがある。この川、『曲がりくねって、逆に流れているように見える』ので、その名が付けられているという。

また、しばらく過ぎて、右の方にニタトロマフがある。この辺は、少し、平地がある。その間、『河口がよく見通せる』ので、その名があるという。

また、並んでヘテウコヒ（仙境橋）がある。ここは二股である。その辺はみな高い山である。

これより右にメナシクシベツがある。『右の方から東に至る』ので、その名がある。

また、シュムンクシヘツは西の方へ行き、本川になる。その意味は『西にある』という。その源は斜里領ヲンネノホリ（斜里岳）から流れているという。

樹木はトドマツが多い。その峰にはゴヨウマツ、カバである。滝まではいろいろな魚が上るという。それより上には小さな魚が住む。ここから氷雪の時は、シヤリヲンネヘツ（根北峠）

写真十八　忠類川

五月五日（新暦・六月十五日）、標津川河口を歩いて出発した。国後島からの出稼ぎ番屋があった。晴れており、国後島がよく見えた。

しばらく行くと、忠類があり、忠類とは『汐が早い』という意味である。忠類川川筋の手前に、番屋、茅蔵、板蔵などがあったと、松浦武四郎は記録している。

の水源へ行けるという。これらは、当所の乙名ケンチロから聞いた話しである。

川を越えて二、三百メートルほど行くと、上の方に番屋一棟（百十九坪）、板蔵五棟、弁天社一軒（二間×四間）、御制札（立て札）、井戸、前に標柱がある。

標柱には、古多糠へ、五・一キロと書いてある。その周囲にアイヌ民族の住居が七軒ある。

和人、庄蔵の救助

一軒目、当所の乙名ケンチロ（改名・源次郎）四十七歳という。この曽祖父セントキの父ポロエメキの兄マメキリは、『寛政の蜂起』の時に、一揆に参加した。この地域で旗揚げして多くの和人を殺した。

そのようなとき、実にこの辺のアイヌの人たちが重大なとき、セントキは山で猟を行い、そのことを知らなかった。数日過ぎて帰ると、事の成り行きを聞いた。そこで、この辺の仲間と相談して、その反逆人を打たんと義理立てしているところに、メナシのアイヌたちに殺されなかった和人、南部大畑湊の庄蔵が一人、山の中で隠れ、ご飯を食べず数日間して出てきた。

セントキの家のマサシントクの中に、和人、庄蔵を隠して、救助した。その後、厚岸へ行って、首長格の女傑ヲツキニ婆、惣乙名イコトイなどに話した。

後に、セントキは一揆を治め、和人に味方してくれ、すぐれたアイヌであるということで、松前家から褒美を賜り、名を仙左衛門と改名した。そのため、この地域の名家となっている。

その妻モンランケ二十六歳、息子クトサンケ（改名・熊五郎）九歳、妹トミ七歳の四人で暮らしている。

（注）兄・マメキリと弟・ポロエメキ、打ち首《うちくび》

打ち首とは、刑罰の一種で、刀で首を切り落とす刑。曽祖父セントキの父ポロエメキと兄マメキリは、『寛政の蜂起』の時、寛政元（一七八九）年七月二十一日（新暦・九月十日）に打ち首にされた。

（注）和人、庄蔵を助けた乙名ケンチロの系図

兄・マメキリ（寛政の蜂起・打ち首）

弟・ポロエメキ（寛政の蜂起・打ち首）――**セントキ（乙名・ケンチロの曽祖父）**

二軒目、また、その隣、小使キキリ（改名・喜吉）三十八歳、妻ホテレケ二十七歳、息子トンケ（改名・唐吉）十歳、妹ホヨ当歳など四人で暮らしている。

三軒目、また、その隣、家主エナヲロシケ（改名・重蔵）三十八歳、妻ヌカエマツ四十歳、養子ヲニ（改名・九郎）八歳、姉ミミ（改名・みね）十二歳など、四人で暮らす。

四軒目、また、その隣、家主シタチチ（改名・七蔵）二十三歳、祖父ホシカキ七十一歳、婿ソンタ三十六歳、嫁シラリ（改名・てる）二十三歳など、四人で暮らす。

五軒目、また、その隣、ヲカエホンチヨ（改名・駒吉）二十歳、妻ホンシタ（改名・たき）十六歳、厄介（居候）ヌタラヌ（改名・太吉）二十五歳、その妻シノチヤ（改名・りえ）十八歳など、四人で暮らす。

六軒目、また、その隣、家主ヲトコマレ（改名・乙吉）三十一歳、妻タミ二十一歳、息子サクロ（改名・作郎）、四歳、乙吉の妹サロシカ（改名・すか）十一歳、妹はる八歳など五人で暮らす。

七軒目、また、その隣、家主タコ五十七歳、妻マツネシタ四十六歳、娘タマンテ（改名・たみ）二十一歳、娘マンネン（改名・まん）十一歳、妹カレワ（改名・あさ）七歳など、家族五人で暮らしている。

合計三十人である。ここも、野付、根室などへ出稼ぎに行っている。この番屋は、ただ、サケ漁だけのようだ。

さて、ここで、古老のホシカキ七十一歳を呼び、米を少し与えて出発した。

小洞燕《ショウドウツバメ》

同じく、赤い崖の崩れたところを歩く。この辺の崖は穴が多く、トベンチラ（土燕・小洞燕・ショウドウツバメ）が多い。その下を歩いて行くと、ショウドウツバメが驚いて、木の葉を散らすように飛んで騒いだ。

そこからしばらく四、五百メートルほど行くと、同じく崖があり、その上から水が落ち、滝になっているところがある。トコロという。

また、しばらく行くと、同じく崩れた崖があり、コルウシという。同じく崖の下の岩原をしばらく行くと、コタヌカ（古多糠）というところがある。ここは、昔、『コタン（集落・人家）があった』ので、その名が付けられたという。今はコタンがなくなっている。

古多糠川《コタヌカ》

平らな浜に古多糠川がある。川幅は、十三、四メートルほどで、川は急流である。川の手前に番屋一棟（四間×十間）、塩切蔵（四間×十二間・サケの加工場）、稲荷社があり、ここは野付のコイトイから来たアイヌ民族の出張所である。前に標柱があり、薫別から三・六キロと記してある。漁業はサケ漁だけである。

番屋の前の古多糠川は、玉石が多く急流である。そこをしばらく右のほうに上がって行くと、ヲソコマナイという小川がある。『水源に滝がある』ので、その名が付けられたという。

また、しばらく右の方に行くと、ヲンネナイがある。『大きい沢』という意味である。

ここから、また、しばらく行くと、左右に分かれているペテウコピがある。この周辺はヲンネ岳の後ろになる。樹木はトドマツ、カバ、ハンノキ、ヤナギなどが多い。両岸は高い山で険しい。魚類が多い。

さて、海岸線の川向こうへ越えて行くと、また、番屋一棟（三間×六間）、茅蔵二棟（四間×八間）、板蔵一軒（二間×三間）がある。夏には、ここで、イワシ漁を行う。植別のアイヌ民族が漁業を行うところであるという。

薫別《クンネヘツ》

また、浜を、五、六百メートルぐらい歩いて行くと、モセウシという小川がある。これは『モウセが多い』ので、その名が付けられている。モウセは『イラクサ』のことである。松前の方では、『いたいた草（痛い、痛い草）』という。アイヌ民族はイラクサを取って麻苧《あさお》（アサとカラムシ・繊維を取り糸にした）の代わりにして使った。

また、しばらく行くと、すべて一面に崖があり、シルトウシという。その上から『清水が流れ落ちている』。それで、その名が付いている。これは和人が付けた名のようだ。上には谷地があり、平地で蘆荻（アシとオギ）の原である。

また、少し岬になっているところを廻ると、コロクニウシヒ

写真十九　古多糠川

古多糠川は平らな浜に河口が開いている。川幅は十三、四メートルほどで急流。

川の手前に番屋、塩切蔵、稲荷社がある。ここは野付半島のコイトイから来たアイヌのための出張所である。サケ漁だけを行っていると、松浦武四郎は記録している。

ラがある。同じく平地である。そこには『大きなフキが多い』ので、その名が付けられているという。コロクニは『フキ』のこと。ウシは『多い』、ヒラは『平』の意味である。

しばらく行くと、薫別がある。川幅、約十八メートル、玉石が多く急流である。両岸にハンノキ、ヤナギの木が多い。魚類は、サケ、マス、アメマス、イトウなどが多いという。

この川筋のことを聞くと、河口からしばらく上がり、その距離は、およそ、四キロぐらいであるという。舟は行くことができない。

陸を行くと、右の方に、ラルマニウシナイという川がある。ラルマニは『オンコ(一位・イチイ)の木』のことである。

家主イトテシユの後妻

ここにアイヌ民族の家が一軒ある。家主イトテシユ(改名・伊平)、六十一歳、妻クワエサン四十九歳である。イトテシユは七、八年前に本妻を亡くした。三年前まで子供もいなく暮らしていた。妻のクワエサン(三蔵の母親)は後妻である。

今度、案内のため一緒に来た三蔵は、以前、イトテシユの妻クワエサンを、この家に後妻として紹介した本人である。

当所の番人、南部生まれの三十郎という者は、このクワンサンが、まだ、若い頃、妾として持ち、育てていた。その三十郎は五、六年前に死んだので、三蔵は、イトテシユのところにクワエサン（三蔵の母親）を、この家へ後妻として連れてきたという。そのため、私（武四郎）たちが、今度、三蔵と共にここへ来ると聞いて、夫婦は喜んで出迎え、大変よく世話をしてくれた。

ここから少し左の方に上がると、ヲンネメムという小川がある。その上に水溜まりが一つあって、ここへ『サケが入って産卵する』ので、その名があるという。

（注）親孝行の三蔵《サンゾウ》

薫別村のクワエサンという娘が、薫別の番人、三十郎（アイヌ人物誌では『三四郎』になっている）という者の妾となって産んだサンゾウ（三蔵）という三十三歳のアイヌがいる。

私（武四郎）は、このたびの知床を巡視した際に、三蔵を案内人とした。船中では先頭になって櫂《かい》を操り、宿に着けば炊事をし、朝は早起きして何かと支度をしてくれた。ひじょうに忠実に働き日本語にもよく通じ、今は、三蔵と改名して髪形も日本風にしていた。

その振る舞いに感心して、生い立ちを尋ねると、次のようなことであった。

父親の三十郎は十年ほど前に亡くなり、母親のクワエサン（当時、五十歳）は、この薫別川の上流の山中に住むイトテシュ六十三歳という独身で、子供のいない者の妻になり、それ以来、三蔵はいつも番屋で働くようになった。

三蔵は、それまで番屋（三十郎）の息子だったため、それなりの古着を着ていたが、今では、以前から蓄えていた古着類もすべて義父イトテシュに贈り、三蔵はアッシ（木の皮の繊維から布を作り、それを衣類にしたもの）を着るようになった。

また、交易所から支給される給与も、すべて、この義父のもとに贈り、時たま、煙草などもらえば、三蔵は吸わず、義父に贈り、実の父親に対するように仕えていた。

これらについて、三蔵を使っている番人などに尋ねると、三蔵は、いつも、『義父のイトテシュは、私と同じ土地の生まれで、六十歳にもなり、子供もいないので、たとえ自分の父親でなくても、いくらかでも助けてあげたいと思っていました。

父、番人の三十郎が亡くなり、頼るすべもない身の上となった母と、不思議な縁で夫婦になりましたが、実の父と同じと思っています。

私はこの親が世にある限り、少しも粗末にすることなく仕えます』と。誠に、感心して、あまりあることと思った（松浦武四郎著『アイヌ人物誌』要約引用）。

判官様のマムシ退治

また、少し上がると、左の方にハシクルメムという小川がある。この地名は何故か、『鳥の水溜まり』という意味である。

また、少し上がると、左の方にイカルウチヤラという小川がある。この川は蛇行している。『そこを一つ越えて向こうに下る』という意味であるという。

また、しばらく行くと、右の方に、ヲホナイという小川がある。ここの『沢が深い』ので、その名があるという。この辺から山が高く険しくなって水の流れが激しい。

また、しばらく行くと、ホンカツタイホ、ヲンネカツタイホなど、二つの川が左側にある。カツタイホとは、『サルナシ・コクワ』のことを根室でいうので、その名がある。このコクワの蔓が一面に繁茂して、その川の上を覆っている。

また、しばらく上がると、右にイミナイという小川がある。イミとは『マムシ』のことをいう。昔、ここに大きな蛇のマムシがいたので、判官様が退治したそうだ。他のところをトツコカモイという。

また、しばらく行くと、右の方にチエヘハキ（魚の終端）という小川がある。その意味は『ここから下には、サケもマスもいるが、ここから上は一匹もいない』というので、その名が付けられたという。

また、少し上がると、ホリカクンネヘツがある。この川は、蛇行しているので、『方向が逆に流れるところもある』ので、その名がある。これは忠類にも同じ意味の川がある。

薫別温泉

また、しばらく上がり右に行くと、ウエンコロマフという小川がある。この辺の両岸は険しく樹木が繁茂している。この川の上流に薫別温泉がある。コロマフは『温泉の壷』という意味である。ウエンは『悪い』という。

また、しばらく行くと、シイクンネヘツ、正式名クンネヘツという。この辺はトドマツが多い。水源は斜里のヲンネヘツ岳から来るという。浜から斜里の浜へ出るのに、氷雪の上を歩くと、およそ、二日かかるという。このことはイトテシュが話して教えてくれた。

また、川岸を越えると上に、番屋一棟（百坪）、板蔵六棟があり、番屋の上の山に稲荷の社が一棟（四坪）ある。御制札（お知らせの立て看板）、井戸などがある。

標柱が一本あり、崎無異に四・三キロと記してある。弁天社から東を見ると、国後島が手に取るように見え、景色が良い。

アイヌの住居、九軒

その川のそばに、アイヌの住居が九軒ある。

一軒目、乙名トウチ（改名・重助）四十七歳、乙名の弟シュウマウ（改名・周治）三十六歳、妻アエマ（改名・あさ）二十五歳の三人で暮らしている。

二軒目、その隣、小使エヘツカ（改名・栄平）四十五歳、妻アママトク三十歳、娘カツキ（改名・かつ）五歳、弟マンベ（改名・作助）三歳、弟巳助当歳、小使エヘツカの従弟の娘カワタキ二十歳、この者は番人の妾になり連れ帰った女の子リツ三歳、厄介（居候）カワタキの弟シキマカ（改名・佐助）十七歳など、八人で暮らしている。

三軒目、その隣、家主女、小使エヘツカの実母クテサン、およそ、六十七、八歳、夫のヲケマウが亡くなり、一人で暮らしている。

四軒目、また、その隣、家主チホツカホ（改名・馬治）二十五歳、妻エクハ（改名・かわ）二十三歳、伯母セタラ五十八歳、娘エトエサリ（乙名トウチの妾）三十三歳、娘ムンラ（改名・むめ）五歳の家族五人で暮らしている。

五軒目、また、その隣、ここの家主は、この度、案内人として一緒に来たサンゾウ（改名・三蔵）三十三歳である。弟ニシヤカ（改名・仁七）二十三歳、ニシヤカの妻ハタケ（改名・はん）二十歳、トリソウの妾という伯母ミナシタ三十六歳など、四人で暮らしている。トリゾウは安政四年に病死したので、その後、妾のミナシタはサンゾウ結婚した。

六軒目、また、その隣、家主エカシツホ（改名・三郎兵衛）十九歳、母シキトルケ五十八歳、娘シユツホク（改名・せん）十二歳、妹シテレウシ（改名・しな）五歳など、四人で暮らしている。

七軒目、また、その隣、家主ラクミ（改名・六三郎）三十三歳、妻タマリキ三十九歳、妹トヘシル（改名・ふみ）二十七歳など、三人で暮らしている。

八軒目、また、その隣、トリソウ（改名・西蔵）五十九歳、息子ヤレトシ（改名・三五右衛門）二十九歳、妻アヘフラ二十三歳、三五右衛門の母ニカマツ五十六歳など四人で暮らしている。

九軒目、また、その隣、家主ヤケツ（改名・弥吉郎）二十八歳、妻キク二十三歳、娘キシ二歳、家主ヤケツの弟マンカエ（改名・万吉）十九歳など、四人で暮らしている。

合計三十六人である。この内、若い者は野付や会所元へ出稼ぎに行って留守なので、セタラ、イクバ（シキトルケ）、クテサンの三人に、煙草一把づつ、針などを与えた。イトテシユには手拭い、煙草、針などを与えて出発した。

崎無異《サキムイ》

浜の道は石が多く歩きずらかった。しばらく行くと、ホンコタンケシという小川があり、ここに、昔、人家があったという。そのため、その名があるという。

また、少し行くと、ホロコタンケシという小川がある。ここも、昔、人家があったという。漁場もあったという。今はその跡が残っているだけである。

これより少し先を廻ると、ムイがある。『小さな湾』である。よつて、その名があるという。小川がある。上は崖である。ここの川を少し上がると、右の方に小川、フウホルシがある。また、少し行くとタンネヒラなどがある。その源は斜里岳、ウエンヘツノホリに至るそうだ。また、行くと、サキムイ（崎無異）がある。その意味は、『神が山からサキムイサキムイと云って下って来た』ので、その名があるという。

小川がある。ここに小さな出岬がある。イシヤマニ、その意味は『カワウソ（獺・イタチ科の動物）が、昔、海から上がって来た』ので付けられたという。

番屋一棟（八十七坪）、板蔵六棟、御制札、井戸などがあり、前に標柱がある。それには、これより植別に四・八キロと記してある。

ここは秋サケの漁場である。この上に人家が五軒ある。

一軒目、前の乙名コロハチ（五六八は、安政二年七月十三日、乙名を引退した）の息子、乙名コタンチリラレツケ（改名・幸次郎）三十一歳、妻ヘテリキン（改名・たま）二十四歳の二人で暮らしている。

二軒目、また、その隣、小使テツ（改名・鉄治）三十七歳、伯父チヲレコツ五十七歳、妻エヘレケ四十六歳など、家族三人で暮らしている。

三軒目、また、その隣、家主エマコリ（コロハチ・改名・五六八）七十一歳、娘アマ（エマコリ）三十九歳、孫アカ十九歳、二男シロ（改名・四郎治）十六歳、三男コンコクラエ（改名・利八）十三歳、妹ツレロ（改名・つな）十歳、妹マウル（改名・うき）七歳、弟ヨタロ（改名・与太郎）四歳の八人で暮らしている。

四軒目、また、その隣、家主婿カヒヨ（改名・嘉七）三十三歳、妻チラケ（改名・ちせ）、三十歳、チラケの兄、イチマツ（改名・市松）三十三歳、弟キンシヤク二十六歳（改名・金作）など四人で暮らしている。

五軒目、また、その隣、家主ウタクサン（改名・宇多吉）三十六歳、妻トコエマツ三十七歳、伯父シタヲチウ（改名・多市）四十六歳、弟ホウツ四十五歳（改名・宇助）、四十五歳、妻アリタク四十九歳、など、五人で暮らしている。

合計二十二人。これらも根室、野付などへ出稼ぎに行っている。この時、コロハチ（五六八）が一人いて、畑を少し作っていた。そのため、煙草、針などを与えた。

植別川《ウエンベツ》

少し海岸を行くと、イシヤマニヒラがある。ここはカワウソが上がったところという。ここにも、昔、漁師の小屋があったそうだ。

また、しばらく行くと小川がある。ホンヲニヲウナイ（正式名ホニヲナイ）という。川は小さいが、ひとたび、水が出ると多くの木が流れてくるので、その名が付けられたという。詰めてホンネヲナイという。

また、しばらく行くと、ホロヲニヲウナイがある。詰まってホロヲンナイという。いよいよこの辺から玉石が多くなって歩きづらくなった。また、海岸のすぐ上にトドマツがあった。

そこを過ぎると、ウエンベツ（植別川）がある。川幅、およそ、十五メートル、小石の川で急流である。両岸は険しく雑木林である。ウエンは『悪い』の意味。こ

写真二十　植別川《ウエンベツ》

川幅、およそ十五メートル。小石の川で急流である。ウエンベツのウエンは『悪い』という意味で、昔、アイヌの人たちが住んでいたが、時々、悪い流行病があり、死者もでた。そのため、引っ越して住まなくなったという。松浦武四郎はここから舟で羅臼方面へ向かった。

こに、昔、アイヌが住んでいたが、時々、悪い流行病があり、死者も出た。そのため、皆、ヨロウマフに引っ越した。今は何もない。

また、川をしばらく上がると、何カ所も急流となっているところがあった。左の方に小川、チソエがある。川底は岩盤であり、穴が開いているところがある。『深く水が巻く』ので、その名があるという。

また、しばらく上がると、左に小川、ヲウトンクテがある。『両方に平がある』ので、その名が付いているという。ヲニシマイには滝がある。その源は、斜里のウエンヘツノホリの後ろから来ている。

氷雪の時には、一日で斜里のヲンネヘツを越えることができると聞いた。その辺はトドマツ、カバ、ヤナギ、ハンノキなどの林になっている。これらは、乙名のアエヨツケ五十二歳（定右衛門）が話したことである。

また、川を越えて五、六百メートルほど、同じように砂浜を歩いた。ヨコマフ（植別）がある。ここの岬まで来なければ見ることが出来ない。正式名はヨヲロヲマフという。小川でその水は美しく冷たい。わずか五・四メートルの流れである。川端に畑がある。

向こうに番屋一棟（百二十七坪）、板蔵六棟、弁天社一棟（三坪）、御制札がある。前には標柱があり、それにはチニシヘツに十三・九キロと記してある。

アイヌの住居、十三軒

ここにアイヌの住居が十三軒ある。

一軒目、乙名は、今回の案内人アエヨツケ（改名・定右衛門）五十二歳、妻アウタシ四十九歳、息子サマレキ（改名・作蔵）二十三歳、妹シタタク（改名、しなな）十四歳、従弟ハンコ（改名・半蔵）二十七歳など、五人で暮らしている。

二軒目、その隣、小使サンノ（改名・三次郎）三十八歳、妻サンコサン（改名・さわ）二十二歳、弟シタリセ（改名・長吉）二十五歳、妻エテハケ（改名・きく）十六歳、下男（召使い）エトフレ四十四歳、弟アタマ（改名・長六）二十二歳、弟コウサ（改名・耕作）二十一歳など、家族七人で暮らしている。

三軒目、また、その隣、小使エフニ（改名・定吉）二十九歳、弟エキツ（改名・永吉）十五歳、弟シユマシユ（改名・金蔵）、十二歳、男だけ三人で暮らしている。

四軒目、また、その隣、ニタシ（改名・多助）三十六歳、弟アウカリカ（改名・宇吉）二十七歳、妹コタンタセ（改名・とせ）二十三歳、これはセロキシコロの妻という。弟ニトカン（改名・平七）十七歳など、家族四人で暮らしている。

五軒目、また、その隣、家主ヒン（改名・清六）三十二歳、妻シタク（改名・たき）十八歳、婿エカシメト（改名・永太郎）三十五歳、妹ヤエコノエ（姉、永太郎の妻）三十八歳、息子サノキツ（改名・佐之吉）十二歳、妹ナルコ（改名・なる）四歳、弟佐助二歳など家族七人で暮らしている。

六軒目、その隣、家主エラモテ五十六歳、弟カヒシャ五十四歳など二人で暮らしている。

七軒目、また、その隣、家主ニシユ(改名・栄蔵)三十二歳、妻ウレホク三十二歳、息子ホンシタ(改名・岩蔵)七歳など、家族三人で暮らしている。

八軒目、家主ハシクロ(改名・林蔵)三十八歳、妹リクシ三十六歳、この女性はニタシユ(多助)の妻とのことである。妹ウエンベ(改名・さよ)三十歳、この女性はアタマ(長六)の妻である。鰥寡(かんか・男と女のやもめ)三人で暮らしている。

九軒目、また、その隣、家主ラウシ五十九歳、チエム五十七歳、息子ムンクレ(改名・福治)三十三歳、弟ホンエシユル(改名・石六)十六歳、弟カメタヤ(改名・亀蔵)十三歳、ムンクレ(福治)の娘ハマ(改名・はま)四歳など、六人で暮らしている。

十軒目、また、その隣、家主シキ(改名・新平)四十一歳、息子ツフエタ(改名・与治兵衛)十歳、娘シニンカ(改名・しか)二十四歳、この女性は小使エプニ(定吉)の妻になる予定である。家族三人で暮らしている。

十一軒目、また、その隣、家主セロキシコロ(改名・清七)三十二歳、姪シタヲンコ(改名・しえ)、二十三歳、この女性はムンクレ(福治)の妻である。二人で暮らしている。

十二軒目、また、その隣、家主トチキリ六十四歳、妻アツテキサリ六十三歳、息子シトカ(改名・玉蔵)、二十七歳、妻サツキマツ三十四歳、厄介(居候)エヘキラ(改名・角造)三十九歳、サツキマツの娘ホンサツキ（改名・いと）、七歳、弟ホンヲヤエ（改名・忠助）五歳、弟半次郎二歳、サツキマツの妹シニンカ（しか）二十四歳、この女性は定吉の妻である。これらの家族九人で暮らしている。

十三軒目、また、その隣、家主イタホカシ（改名・鎮吉）二十九歳、弟ヨレヨレ（改名・亀吉）二十五歳、家族二人で暮らしている。

合計五十六人である。ここも、若い者はすべて根室、野付方面に出稼ぎに行っているので、村にはトチキリ六十四歳と妻のアツテキサリ六十三歳の二人だけが残っていた。それで二人を呼び、煙草と針を与えた。

出帆、知西別《チニシベツ》へ

ここで舟から降り、宿泊のため、荷物を陸にあげた。夕方になると、南風が吹き、さざ波になった。イカシテレは風がいいので知西別まで行けると云った。ここは案内人の乙名アエヨッケの住んでいる村（植別）であるが、私（武四郎）は、口を出さずイカシテレに任せた。私（武四郎）が、上の弁天社へ行くと、サンゾウ（三蔵）はあれこれと指さして教えてくれた。今日は風向きもいいので陸上げした荷物を、また、積んだ。そして、出港した。知床までをメナシハタという。

続いて知床までの紀行を書こうと思うが、これより奥は『志礼登古日誌』に譲り省略する。

すべてこの辺は、昔から、七カ番屋（メナシ七番屋・目梨の七カ村）という。早朝の四時頃、繋いである縄を解き出帆した。帆を上げると風でふくらみ、その早さは飛鷁《ひげき》（中国の想像上の水鳥・風によく耐え空を飛ぶ）のようだ。

第五章

戊午　志礼登古日誌　巻の上

松浦武四郎著

戊午　志礼登古日誌　巻の上　安政五（一八五八）年

東知床海岸北上↓羅臼↓知床・啓吉湾

この編は、標津と羅臼の境、ウエンヘツ（植別川）で一泊しようとしたが、風の吹き方も順調なので、船乗りに急がされて、午後五時頃になつて出船した。

その翌日は、シレトコ（知床）の岬を廻り、シャリ（斜里）まで行く紀行である。シレトコとは、シラライトコの詰まった地名で、『大岩が険しいところの末』という意味である。北地、北蝦夷地（樺太・サハリン）のアニワのシレトコ（北知床半島）、シンノシレトコ（中知床半島）など、すべて険しい岩壁の絶壁である。よつて、この名が付けられている。

一説には、シリイトコとも云う。シリとはモシリ（島）の略語で、イトコは『末』の意味である。すなわち、『島の末』という意味になる。

（注）安政五年五月五日（新暦・一八五八年六月十五日）

シベツ（標津）を出発↓ウエンベツ（植別川）から舟を出す↓羅臼の峰浜↓幌萌↓春日↓八木浜↓知昭↓松法↓礼文↓羅臼を経て↓共栄チトライの番屋で宿泊した（松葉實編著『松浦武四郎知床紀行』要約引用）。

五月五日（新暦・六月十五日）

陸志別《ルクシヘツ》

四時前、ヨウロヲマフ（植別川の少し北、峰浜の居麻布川河口）から船を出すと、風は帆に十分に孕み、岸から瞬く間に離れた。海岸線は険しく樹木が繁茂し、その風景は美しい。しばらく進むと、ヒラ（崖）が見え、その上は平地で樹木はトドマツが混ざった雑木林である。また、しばらく進むと、ルクシヘツ（陸志別川・羅臼の峰浜）がある。一説にはトクシヘツとも云う。また、詰まってトシヘツも云う。ルクシヘツとは、これより斜里のヲンネヘツに、山越えできるため、付けられた名であるという。

また、トクシヘツのことを聞くと、この辺は、昔、『良き神様が歩いた』ので、その名になったという。これはトテチルシ爺の話したことである。

ここで、水源のことを聞いた。河口から三、四百メートル上がると、右の方にクヲナイという小川がある。ここは昔からウエンベツのアイヌの人たちなどが、『毒矢を仕掛けるところ』である。

よって、その名があるという。ここまで平地で、これより上は険しい山となっている。

サケ、マスが遡上できない滝

また、しばらく上がって行くと、タツタツヘヲイという急流の小川がある。その少し上に、サケもマスも上がることができない滝がある。一説に、『大岩が多く』あるので、その名が付けられたという。

また、しばらく行くと、ライクンナイがある。ここには、昔、人家があり、『死人があった』ので、この名が付けられたという。この辺は、大ササの原で、その上は険しい岩壁があり、雑木が繁茂している。

また、しばらく行くと、左の方にソウシヘツという小川がある。この河口は『滝になっている』ので、その名が付けられている。

しばらく行くと、左の方にシユンクウシベツ（シユンクはエゾマツのことで、『シンコマツ・松類の一種』ともいう）がある。この川筋は『マツの木が多い』。よつて、その名があるという。一説にシユムンクシにて西に越える川という意味もある。

同じく、また、右の方にウヌンコイ（両岸に絶壁が迫っているところ）という小川がある。この辺は険しく川端を通ることは難しい。山を越えるしかないので、『ここで川を行かず、山を越えるところ』という意味のようである。

これより坂を上りつめると、シヤリ（斜里）越の峠、ルウチシがある。右はチヤチヤノホリ（遠音別岳）、左はエキシヤランノホリである。ここまでは、雪が堅ければ一日で行くことができるという。雪が柔らかい時には、一日半も二日もかかるそうだ。

ここまで来るとヲンネヘツは近いと聞いた。この辺はすべてカバの立木である。これより上はマツが多いと聞いた。今も根室から斜里までの御用状は継ぎ立てするそうである。

熊の足跡

冬は雪で往来ができないが、自分たちの漁業の用事か何かの時は、皆、シベツ（標津）からここまで来る。これから雪道を行くときは、アイヌたちはカンチウシ（斜里峠廻り）越より近くていいという。ヨロウヲマフ（植別）の案内人、乙名定右衛門（アエヨッケ）は三、四回通ったそうだ。

また、ここから海岸線を航行して岸を見ると、岩も多く、樹木も多い。しばらく行くと、モルクシベツ（ポン陸志別川）、訛ってホロクシヘツとも云う。その意味は『この川筋には熊が多く、足跡が多い』ので、その名が付けられているという。

また、この川を行くと、岩の崖の前に出る。山の出岬に大岩が突き出すチヌヌシというところがある。その岬の片方に大岩の崖がある。ここには神霊があるという。

アイヌたちは、陸を歩く時も、舟で通る時にも、酒を供えて通るため、『チノミノウシ（いつも祈る）』という。チノミノウシの元は、カムイノミウシ（神にいつも祈る）である。廻ると、大岩の崖に穴があり、カモイチセという。どうして、この穴の前に神酒をあげないで、チヌヌシであげる理由を聞くと、あまりに近くて恐れ多いためという。

アイヌの人たちの城跡

これからまた、崖の下をしばらく行くと、チヤシウウシナイ（茶志別川）という小川がある。この川の南の方に古いアイヌの城跡がある。その辺に『穴居跡が多い』ので、名付けられたという。

七、八百メートル行くと、ホンチヤシウウシナイがある。ここには城跡も穴居跡もないが、並んでいるので、その名があるという。

海面には、いよいよ暗礁が多く、岸は奇岩、怪石の絶壁となっている。そこをしばらく行くと、細い滝のあるソウランベツがある。『滝がある』ので、その名が付いている。ソウは『滝』、ランは『落ちる』の意味であるという。

また、しばらく行くと、険しく高い崖のリイホコマイがある。ここの上から石が落ちてくるので、その名が付けられた。リイホコヲマイの訛りである。今も雨の降った後には、時々、石が崩れ落ちて危険な場所であるという。アイヌ民族たちは、入梅中、危険なので、ここの陸を行くことをしない。

ここで、ウエンベツから、約六キロところで、海上から海岸を見ると、岸でイヌが二匹、船を追って走ってきた。誰のイヌかを聞くと、乙名定右衛門（アエヨツケ）の飼いイヌであるという。そのイヌの見える浜に行って海上を見ると、見通しが良かった。

しばらく行くと、ホロムイ（幌萌）がある。ここは左右とも小さな岬で『一つの湾』になっている。そのため名付けられたという。湾の奥に小川がある。

両岸が崖のケトンチヒラがある。その間にひと筋の小川がある。ここでは、その昔、アイヌの人たちが鹿を獲ってきて、その『鹿を解体して縄で縛り、干したところ』である。そのため、名付けられたという。

春刈古丹《シユンカルコタン》

しばらく行くと、シユンカルコタン（春刈古丹）、ホンシユンカルコタンがあり、二カ所ともに小川がある。ここは、昔、アイヌたちがマスを捕っていた漁場である。ここで『油を取っていた』ので、その名が付けられたという。

シユムは『油』、カルは『取る、作る』、コタンは『所・村』という意味である。この川の二筋ともマス、アメマスが多い。

また、しばらく行くと、ヲタツネマフ（於尋麻布）がある。正式名ヲタツネヲマフである。また、タツネウシともいう。

小川がある。この川筋には『カバの木が多い』ので、その名が付けられた。ヲタツネは『カバの木』のこと。

また、並んでしばらく行くと小川がある。タブカルウシという。その意味は『踊りが多い』というが、どうしてか分からない。

（注）タブカルウシとは

『人が踊っているような形をしたカバの木が多い』という意味があるようだ。冬期間の強風、吹雪のため、立木が変形するためか（秋葉實編著『松浦武四郎　知床紀行』要約引用）。

ウエンヘツのアイヌたちの番屋

漁番屋一棟（七間×四間）、板蔵一棟（二間×三間）、茅蔵一棟（二間×三間）、ウエンヘツ（植別）のアイヌたちの出稼ぎ場である。

また、並んでヤーネシュマ（八木浜）がある。ここに『根元が細く、頭部が太い十五メートルぐらいの高さの大岩』がある。そのため、名付けられている。その傍に滝がある。

ここから少し崖の下を行くと、チニシベツ（知西別川）がある。川幅約十メートル、両岸は険しく大岩である。サケ、マスが多い。河口から少し上がると、両岸は大岩で平らになっている。その正式名はチヌシヘツという。

昔、ネムロのアイヌの人らがここに来て『舟を作った』ので、その名が付けられているという。チフウシヘツともいう。

川の向こうに、ウエンヘツ（植別）のアイヌの人らのサケ出稼ぎ場がある。番屋一棟（四間×八間）、茅蔵一棟（四間×三間）、塩切蔵一棟（四間×十間）、板蔵三棟（四間×六間、二間×三間、三間×四間）。傍にラウシの権現社一棟（二間×九尺）。

また、標柱があるという。私たち（武四郎）は、沖を船で航行しているので、何と書いてあるか分からない。

ここを少し行くと、平らな丘の山がある。その岸をしばらく行くと、すぐに岩壁になる。七、八百メートル行くと、マツノイ（松法川）という小川がある。この海岸の前は暗礁が多い。ワカメ、フノリ、コリモ（寒天）、海松（サンゴの一種）など、海藻類が多い。また、細い昆布もたくさん生えている。

マツノイという地名は、この川上で、『どのような鳥でも、巣を作る』という意味であるという。並んで、ホンマツノイがあり、岩の間に小沢があるので、その名が付けられた。また、並んで、ワタラがある。ここは少し岩の岬が出ているところを廻って行くので、その名が付けられているという。

そこを過ぎると、ソシケイがある。ここは同じく岩山で、その上が平地であり、『雨が降った後、土がすべり落ちてくる』ので、その名が付けられている。

また、廻って行くと、レフンシララ（礼文知）がある。ここは沖に暗礁が多い。また、『奇岩、怪石が多く突出している』ので、その名が付けられた。レフンは『沖』、シララは『大岩が集まる』ところを云う。

並んで、大きな湾のホロムイがある。その間に小川がある。ホロムイは『大きな湾』という意味である。そばに出稼ぎの仮小屋一棟がある。これは最近の小屋で、イシヤン（伊茶仁）のアイヌの人たちが来ると聞いた。ここの水源は、チヤチヤ岳から来るそうだ。

羅臼《ラウシ》

さて、また、一つの岩の岬を廻り険しい崖の下を行くと、ラウシ（羅臼）がある。両岸は険しく山の間に小川がある。ここに、昔、アイヌの人たちの村があったという。そこに石塔場《セツトウバ》（墓標）が多くある。

アイヌの人たちが、ここから沖に出てアザラシ、トドを捕り、山に入って熊、キツネ、タヌキなどを捕って、ここで解体するため、その『内臓、骨などが多く残る』ので、付けられた地名であるという。

また、しばらく行くとイコスシマイがあり、昔、『手のひらを合わせたような石があった』ので、その名が付けられた。ここは大岩が険しく出て岬となっている。

その下に小川がある。これをマカウシと云う。マカはマカヨを転じた言葉で、すなわち『フキノトウ』のことである。ここを越えてその岬に到ると、海岸になり道はなくなる。

岩にはイワナズナの黄色の花が咲き乱れ、小桜草など色よく実に目を楽しませてくれる。廻るとチトラエがある。ここは三、四百メートルほど岩浜になっている。北はチカフコエキ、南はイコスシマイと対して一つの谷になっている。

その上は険しい岩壁で森林となっている。中に、幅約十メートルの急流がある。その傍に番

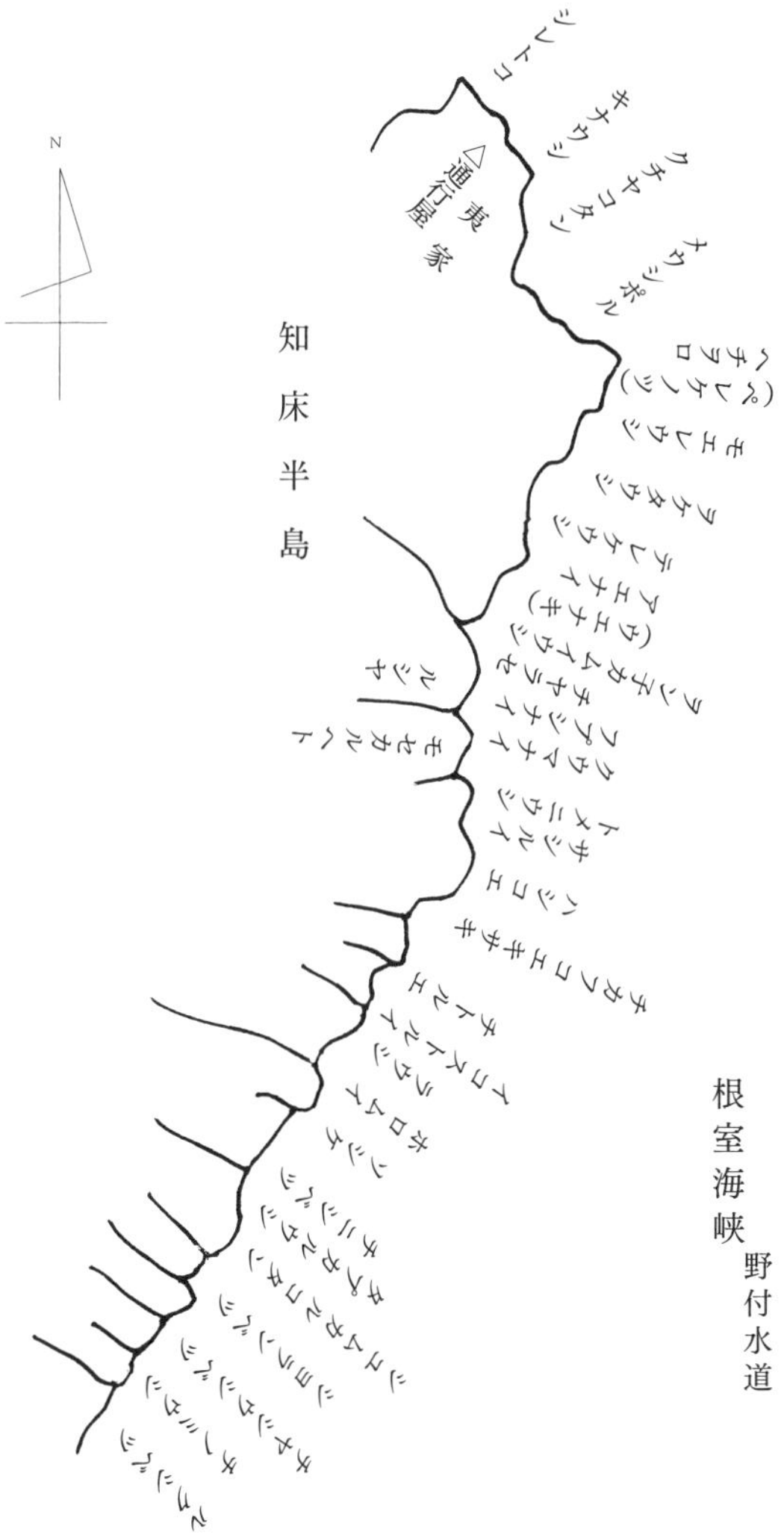

図版11　知床半島（羅臼側）

屋一棟（五間×八間）、板蔵二棟（四間×二間・六間×三間）がある。ここはサキムイのアイヌの人らのサケ漁のための出稼ぎ場所とのことである。

この場所には、ほどよい流れの川があり、前浜は弁財船が停泊できる。夜になったので、ここで宿泊した。

今夜は端午の節句（五月五日）であるが、ここは人が住まない半島の隅に泊まるので、酒を一樽開けることにした。

チトラエヘツの河口から三、四百メートル海岸を上がると、左右に小川が多く、いずれも大岩が集まり、滝となっている。その水源は、チヤチヤノホリから来るという。

五月六日（新暦・六月十六日）

（注）知床の啓吉湾の通行屋に宿泊

羅臼町の海岸町→サルシナイ岬→北浜→化石浜→キナウシ（羅臼町知床岬）まで行く。

イソヤ（根室・斜里場所境）で、根室運上屋、斜里運上屋までの距離をそれぞれ記した標柱を見定め、シレトコの啓吉湾の通行屋に宿泊した。

写真二十一　相泊

松浦武四郎は、相泊の沖合を舟で知床岬へと航行した。相泊の海岸には、明治三十二（一八九九）年に発見された露天風呂がある。

編者（私）は、昭和五十年の初め頃、相泊から海岸線を歩いて知床岬へ向かった。谷間から幾つもの小川が流れ、質の良い太いフキが群生していた。その中に入り、釣り糸を小川に入れると、面白いようにヤマメが釣れた。

柱状節理

快晴。今日は近頃になく、明け方から靄《もや》がなくなり晴れとなった。国後島も見えた。昨夜から南風激しく吹き、出船して砂浜から三、四百メートル行くと、大岩壁の下に着いた。これに沿って、およそ、五百メートル行くと、チカフコエキウシがある。大岩の三十数メートルの岬である。その前に一つの岩があって突き出している。

この辺は、すべて、柱状節理の岩が多い。その岬へは、陸から行くことができず、『鳥が多く集まっている』。そのため、この名が付けられている。チカフは『鳥』のことで、コエキは『捕る』ことを云う。その岩は鳥の糞で白くなっている。

（注）柱状節理

火山の噴火でマグマが流れ出し、冷却する過程で、六角柱状、五角柱状など柱状の岩石になる。層雲峡、国道二四四号線の網走市の東にある崖などで見ることができる。

乳汁の出る木

ここを廻れば、サシルイの岬が見える。その間に、また、一つ小さな湾がある。そこを廻ると大岩窟が三つある。そこを越えるとハシコエベツがある。小さな岩浜で、中に小川がある。この川に、『枝がいろいろな形に曲がった樹木がある』ので、その名が付けられたという。

そこを越えると小川がある。ホロトメニウシ（飛仁帯）といい、正式名はホロトヘニウシという。ホロは『大きい』、トベニは『楓・イタヤカエデ（乳汁の出る木の意）』のことである。この川筋に多いので、その名が付けられた。

ここの浜から、直ちに険しい高山になり、その風景は興味深い。並んで、小さな岬を廻るとホントメニウシという小川がある。その意味はホロトメニウシと同じである。

砥石にできる石

また、小さな岬を廻ると湾になる。そこにサシルイという川があり、川幅、約十メートルで急流である。ここは昔からシレトコのアイヌの人らがサケ漁に来たところである。

両岸は険しい高山で樹木が茂っている。その河口の前に大岩が一つ立っている。その風景は珍しい。その地名の意味は、川上に『砥石になる良い石』があり、アイヌの人たちの『小刀を研ぐことができる』ので、その名が付けられたという。

ここから大岩の上をしばらく行くと、サシルイエンルンがあり、ここは南にチカフコエキサキ、北の方にルシヤの岬と対して一つの湾になっている。

そこを行くと小さな湾がある。トノカルウシと云う。正式名はトウヌカルウシである。その意味は、『日和を見るところ』という。昔、アイヌ民族はシレトコの岬へ行くときに、ここで日和を見てから出舟したという。そのため、その名があるという。

また、小さな岬を一つ越えると、ヲチカバケがあり、両岸は険しく崖の間に小川が一筋ある。その川口に『サザエのような黒い岩（天狗岩）』が一つある。そのため、その名があるという。また、一説に、ここは小さな谷間のため、『大ワシが多い』という。よって、その名があるという。また、並んでしばらく行くと、同じく大岩がある浜のチセフンベツがある。小川がある。この川は『魚が多い』ので、その名があるという。

また、小さな岬がある。廻ると大きい崖で上は平らである。この先にチエツフシヤクベツという小川がある。大岩が集まる川筋で、ここは『魚がいない』ので、その名が付けられているという。

また、小さな崖の下を行くと、モウセカルウシナイという小川がある。この川筋に『イラクサが多い』ので、その名が付けられたという。

仕掛け弓《アマッポ》

また、しばらく岩の平らなところの下を行くと、険しい山の間にクアマヘツがある。この川筋にアイヌたちは『アマホウ（アマッポ・仕掛け弓）を多く仕掛ける』ので、その名が付けられているという。

また、並んで、同じく大岩の間に、キキルベツという小さな沢がある。キキルは『蚊』のことで、『蚊が多い』ので、その名がある。

ここを行くと小さい岩の岬がある。そこを行くとルシヤという砂浜がある。そこに一筋の川があり、ここからシャリ領のルシヤまで、アイヌたちは氷雪の上を『一日で越えて行く』という。そのため、名付けられた。

ルシヤは『道を越える』の意味である。この辺はシャリ、シレトコのアイヌたちのサケなどの食糧確保の場所である。浜の前は暗礁が多い。小さな湾で風景がいい。

また、少し行くと小さな湾があり、フブウシナイという小川がある。沢の上に『トドマツの木が多い』ので、名付けられた。

源義経、クジラの肉を焼く

また、しばらく行くと、ヲシヨロマフという小川がある。ヲシヨロコツともいう。昔、ここで、源義経が岸に流れ着いた鯨の肉を取って、ヨモギで串を作り差して焼いていたとき、そのヨモギの串が焼けて折れ、『驚いて尻餅をついた』という。そのため、その名が付けられたという。

ヲシヨロとは『尻』のことで、コツは『退く』という意味である。

また、一説には、ヲシヨロとは、ウシヨロが転じたという。ウシヨロとは『懐・ふところ』のことである。この前の岩と磯の両方が共に出っ張って、その中が『懐のようになっている』ので、その名が付けられたという。

また、岬を行くとトカルムイがあり、ここは小さな湾で暗礁が多い。そこには『アザラシが多い』ので、その名が付いたという。トカルは『アザラシ』のことで、ムイは『湾』のことである。

また、岩の先を少し行くと、両岸が険しい谷の間に、一筋の川に滝がある。チャラセナイと

いう。『滝がある』ので名付けられている。この辺の崖は大岩が集まってる。

（注）源義経《みなもとのよしつね》

平安時代末期の武将。若かりし頃『牛若丸』と呼ばれていた。平治元（一一五九）年〜文治五（一一八九）年。源義朝の九男。鞍馬寺に預けられた。脱出して奥州平泉の藤原秀衡の庇護を受けた。平家討伐で名を成した。

その後、内紛で自殺したといわれている。しかし、伝説では源義経は平泉で自殺せず、青森県の三厩《みんまや》を経て、蝦夷地（北海道）に逃れたという説が昔からある。

このため、源義経伝説は北海道の各地で言い伝えがある（児玉幸多監修『日本史人物事典』要約引用）。

また、蝦夷地から樺太に行き、そこから大陸に渡って、モンゴル帝国のジンギスカン（成吉思汗・一一六二年〜一二二七年）になった、という伝説もある。

山の神《キムンカムイ》

そこを行くと、カモイヲベツという川がある。急流で、この川筋には『熊が多い』ので、名付けられたという。熊をキムンカムイ、『山の神』とも呼んでいた。

また、しばらく行くと、前と同じ急流の川、ヲンネカモイヲヲヘツがある。昔、ここに人家があったという。そこのアイヌたちはウエンヘツ（植別）に行ってしまった。

また、しばらく行くと、両岸が三十メートル以上の高いところにリウエシリという小川がある。リウは『高い』、エンシリは『悪い山』という意味である。

ここまで、昔、ウエンヘツのアイヌの人たちが、岸までやって来た。また、岩の岬の上を行き来した。これより先は『道が途絶えている』という。そのため、この名があるという。

また、ここの広い平らなところを越えて行くと、ウエナキがある。正式名はヌエナキ（ヌイナイ）という。上に二つの川があり、その水はリウエンシリと合流しているという。

ヌイナイとは、昔、厚岸のアイヌの人がここへ来て、櫂《かい》（舟を手でこぎ、進める棒状の道具）を使って漕いでいるとき、『尻もちをついた』。それでその名が付けられたという。

また、しばらくして、大きな崖を越えると、ここに大きな岩の岬がある。ヲケタウシという。その下に小さな岩の磯がある。昔、厚岸のアイヌの人がここに来て、卒塔婆（墓標）の木で魚を焼いた。その時、磯の岩が跳ねて飛んだので、『驚いて後ろに倒れ、両足をなげ出した』ので、その名があるという。ヲケタは『足を出す』という意味。

身欠きニシン

ヘケレノッとヲケタウシと対峙するところに、モエレウシがある。その間は、およそ、一・五キロあり、小石の浜である。南部（青森県むつ市）の恐山、宇曽利湖極楽浜にある舎利石のような石が多い。

ここは、根室から来たアイヌの人たちが、いつでも泊まれるところで、身欠きニシンを干す竿が、二、三十本ほど用意してあった。ここの湾には、五、六百石くらいの船が二、三艘入れるようだ。

モエレとは『遅い』という意味である。また、『休む』にも通じる。ここへ上陸して昼飯にした。山はトドマツと雑木林である。

また、しばらく岸を行くと、一つの岬を越えて、ヘケレノッという岬がある。この山には『樹木がなく、明るい』ので、その名が付けられたという。ヘケレは『明るい』、『ノッ』は岬の意味である。この辺の岩は横に筋が入っている。

ここを越えてしばらく行くと、メウシホルがある。ここはひじょうに険しい。岩の洞窟のようになったところが低く、『終日、日陰』のため、その名が付けられているという。メウシは『陰の形』、ホルは『洞のようなところ』という意味である。

また、並んで、クチヤコタン、ニカルウシがある。ここの大岩の屏風に大滝が二筋あり、白布をさらすように落ちている。その意味は『木を取るのが多い』という意味である。

また、同じく崖の下をしばらく行くと、小さな岬がある。シネシユンエトという。正式名はシユネウシエト。『カバの木を燃やして魚を捕る』ため、その名が付けられているそうだ。

また、行くとキナウシ（カヤが多いという意）がある。その後ろは、大岩壁の屏風のようになっている。ここからは樹木がない。また、崖には険しい壁があり、その上はカヤの原のように見える。

二本の標柱

シレトコのアイヌたちもここまで歩いて来て、漁を行うという。アザラシやトドが多い。その傍は低くなっている。地名のキナウシとは、『カヤが多い』という意味である。

並んで、赤い大岩が二つある。その一つには穴があり、これをくぐって通ることができる。ここから、磯まで二百メートル行くと、イソヤがあり、ここへ船を着けて上陸すると標柱があった。

それには『これより南、根室領箱館奉行支配調役喜多野省吾持』と記し、『会所元まで四十一里二十七丁四十間（約百六十七キロ）』と書いてあった。

また、もう一本には、『これより北、斜里領箱館奉行御預かり所調役須藤甚之助持』、『斜里運上屋まで十八里三十一丁（約七十五キロ）』と書いてあった。

（注）調役
調役とは、以前の支庁長格、現在の振興局長の身分である。
喜多野省吾は、アッケシ詰調役並、安政五（一八五八）年二月調役。
須藤甚之助は、ルルモッペ詰調役並、安政七（一八六〇）年調役仰付。

鯨、魚、木が流れ着く

さて、私（武四郎）は、チニシヘツ番屋に上陸したいと思い、チニシヘツまで、およその距離を知りたくて大略を聞いた。

チニシヘツからチトライまで四キロ。チトラエからルシヤまで十二キロ。ルシヤからモエレウシまで十キロ。モエレウシからシネシユムまで八キロ。そこから当所に約二キロと聞いた。ここからサンゾウ（三蔵）を一人で、陸路をシレトコの小使の家に使いにやった。用事が済むとサンゾウは、私たちの船に、再び、乗りに来る。ここから海岸は、また、険しい。奇岩が多く、海中に突出して、歩くのが難しい。

二百メートルぐらい行くと、大きな岩に洞窟がある。ヘケレホルという。その岩の洞窟の上に穴が一つあり、ここから『明かりが入る』ため、その名が付けられたという。ペケレは『明るい』、ホルは『洞』、崩れて今はない。

その前は平磯、また、暗礁、岩の磯になっている。波はこの辺まで来る。

また、しばらく行くと、大きな磯の湾、フンベヲマモイがある。ここは海中に突出しているので、毎年、北の海からの氷に砕殺せられ流れてくる鯨や魚が、汐の流れによりこの磯に流れ着く。そのため、その名が付いているという。

また、二百メートルも行くと、ニヲイがある。ここも前が磯で『多くの流木が、ここに寄せてくる』ので、その名が付いているという。

また、並んで百メートルほど行くと、この辺は奇岩、怪石が多い岬となっている。ここをヲサウシという。正式名はヌサウシというそうだ。ここのアイヌたちは海神を祭るとき、必ず、ここの海中へ第一番に神酒捧げ、『木を削り木弊を奉る』ため、その名がある。

知床岬から国後島や択捉島のヘロタロ岬がよく見え、その風景は素晴らしく、感動する。

（注）択捉島

日本固有の領土、北方四島の一つ。第二次世界大戦後、ロシアの施政下にある。

南千島に属する火山島。千島列島中最大の島で、面積三、一三九平方キロ。長さ二〇三・五キロ、幅六〜三〇キロの細長い島である。

国後島の北東に位置し、択捉島の東にはウルップ（得撫）島がある。河川は二六キロの留別《るべつ》川があり、二〇〇におよぶ河川がある。別飛《べつとつぶ》川流域には泥炭地が広がっている。

東部の海岸線は、断崖で渓谷を刻み港湾が未発達である。西部は、段丘や緩傾斜で海岸線が長く、良港が多い。村落は西海岸に多く、中央部の紗那《しゃな》が島の中心地であった。鉱物資源は硫黄、金、硫化鉄、砂鉄、珪砂などの鉱床に恵まれている。漁業が盛んで、サケ、マス、カニの缶詰工場や捕鯨、海獣に関連する加工場があった（北海道新聞社編『北海道大百科事典　上巻』要約引用）。

知床の啓吉湾

岬を廻って行くとシレトコ（知床博物館などの調査の結果、啓吉湾と判明した）がある。シレトコは『半島の末』という意味である。姫栂（ヒメツガ・ガンコウラン）が一面に広がり、瓦松《かわらまつば》（河原松葉・アカネ科の白色の花の多年草）、イワナヅナ、小桜草などが敷き詰めたように咲いている。そのみごとな景色は、たとえようもなく美しい。

廻って湾の中に入ると、入口の幅は、約百八十メートル、奥行きは、約二百七十メートルあり、三方は屏風を立てているようになっている。少し奥に砂浜がある。

また、湾の中に一つの大岩がある。高さは、約三十メートル、周囲は、四十五メートルぐらいある。その岩にいろいろな穴がある。

また、通行屋一棟（四間×十一間）がある。ここは去年初めて立ち寄った。その後、聞くところによると、秋田藩の勤番で、夏中、詰めているという。その近くに清水の川がある。ここへ船が着く。ここから百メートルほど上がると、平地になっている。幅七、八百メートル、長さ二百メートルぐらいのカヤ野原があった。

(注) 知床の啓吉湾

明治末期頃から、大正時代にかけて、アイヌの宮島啓吉が居住していた。

(注) 秋田藩、仙台藩

安政二(一八五五)年四月十四日警備申渡。

カモイ岬→ソウヤ→シレトコは、秋田(佐竹)藩。

シラオイ→根室→シレトコは、仙台(伊達)藩。

知床にアイヌの家屋、三軒

その上に山がある。これをシレトコ(知床)岳という。この辺一帯をシレトコ(知床)という。アイヌ家屋が三軒ある。立ち寄ってみると、女の子と男の子の二人いた。その一人は歩くことが出来なかった。

家主は漁のため沖に出ていた。呼び戻してもらい、夜に、いろいろと尋ねた。

この家主は、小使カラリケ六十九歳、妻エタンケシユム七十歳、その娘ショノシケ、歩くことのできない息子ノホリコロの四人で暮らしている。この家にヲタルシという者がいる。これは雇い人である。

また、その隣、家主ヘシカ三十二歳、妻ヘテツケ二十七、八歳、姉ヌユクフシ三十五、六歳、女の子一人など。ヘシカ夫婦は雇われているので、家にはいなかった。

また、その隣、家主はトツハイ二十七歳、妻ハケチナ二十三歳、二男ヲタヌム十七、八歳の三人で暮らしている。今は三人とも雇われて働きに行き、一人もいないので家は朽ち果てている。そのため、ここには、現在、二軒残っている。

この辺は黒百合、千島草、エンゴサクが多い。また、ウバユリも多い。

この辺を探索しているうちに、小使のカラリケが帰って来た。一同、ここの通行屋に宿泊した。カムイノミを行い、みんなで酒を呑み夜を明かした。

歩くことのできないノホリコロは、手先が器用で、小細工物を作る。私（武四郎）に、針入れの付いた糸巻きを一つくれた。

小使カラリケには、木綿三尋（一尋は六尺、十八尺は五・四メートル）、煙草一把を渡し、女の子たちには煙草一把づつ、針二本づつを渡した。

クジ引きで案内人を決める

小使カラリケに、明日からの斜里までの水先（案内人）のことを相談すると、『前から、斜里の会所から、案内するように話があった』と、早々と承知してくれた。

そのため、案内人と船乗りを選んでいると、乙名の定右衛門は、ぜひとも、斜里から根室に御用状、御用物もあるので、六人の中で二人は行きたいと申し出た。希望に添えず、どうしょうもないので、クジ引きにすることにした。そのため、小使カラリケはカヤでクジを作り、これを引かせると、一番にサンゾウ、二番にイナンケクルが当たり、それより三、四、五、六番は無用なため、ひじょうに残念がって力を落とした。そのため、ここで米一斗を持たせ、その他の品々も持たし、根室へ戻した。

舟はアイヌの縄綴舟《なわとじふね》（アイヌの人たちが交易に使用した舟）で出発と決めた。

これまでの褒美に、楡（ニレ・オヒョウ・ハルニレなど）皮のアッシの着物は不自由なため、根室で着物を渡すように定右衛門に申し渡した。ここで下帯一筋と阿波粉を一つづつを渡した。

別れの酒を一杯飲み、一同、根室風流のシノチサケを歌った。夜が更ける頃になると、磯に集まったアザラシ、トドが、赤ん坊のように、キヤアキヤアと鳴き、気味悪く騒いでいた。

（注）縄綴舟《なわとじふね》

二百石から五百石ぐらいまでの船。蓆《むしろ》の帆で航行。蝦夷地には良港が少なかったので、陸に引揚げるのに軽く便利だった。当時、アイヌの人たちは、この舟で津軽海峡も渡った（秋葉實編著『松浦武四郎知床紀行』要約引用）。

第六章

戊午　志礼登古日誌　巻の下

松浦武四郎著

戊午　志礼登古日誌　巻の下　安政五（一八五八）年

知床→宇登呂→遠音別→海別→斜里

この編は、知床を出帆して、当所（知床）の小使カララク（カラリケ）を案内人として、斜里に到るまでを書いた。

ウトロの番屋に宿泊

（注）シレトコの啓吉湾を発って→アブラコ湾→文吉湾を過ぎ→オホーツク沿岸を知床川→カシュニの滝→鮹岩→ルシヤ川→カムイワツカの滝→岩尾別→象の鼻→幌別を経て→ウトロの番屋に宿泊した。

五月七日（新暦・六月十七日）

アブラコ湾

快晴。今日は、昨日の送別の酒のため、寝過ごしてしまった。太陽がかなり昇ってから目を覚ました。沖を見ると、海上一面が油を流したように、ひじょうに波も穏やかだった。

私（武四郎）と案内人、メナシの定右衛門、エナンケクル、三蔵、知床のカララク（カラリケ）

の五人で、舟を整備して出発した。岸にいる根室の夫婦も、子供たちも、手を振って別れを告げた。

右の方のメナシタアンムイ（アブラコ湾）を出て、この岬の陰に回ると、大きな岩洞が二つある。ここをタカシヤラニ（知床湾にある石柱）という。険しい岩壁として海中に突き出ている。しばらく行くと、イヲロウシがある。これは『海からすぐに山になる』という意味である。

文吉湾《シュンタムイ》

同じく、崖に沿って行くと、岸が深く暗礁が多い。ここを越えると、また、一つの湾がある。シュンタムイ（文吉湾・明治時代、アイヌ民族の坂井文吉が居住していた）という。その意味は『西の湾』という。シュンタは『西』、ムイは『湾』である。

また、険しい崖の下を過ぎると、タンネシラリがある。ここは大岩が長く海中に突出している。そのため、その名があるという。タンネは『長い』、シラリは『岩』のことである。

また、しばらく行くと、ヲンネハシクロホロがある。ここは大岩に洞が一つある。この中に『海鳥が多く住む』ので、この名がある。訳すと『大いなる鳥の洞』という意味であるという。この辺の岩には洞が多い。その中にはイワツバメが多く住んでいる。

また、並んで、ウエンヒロタウシが同じ崖にある。水際に穴が多い。少し行き、クシヤラキウシなど越えると、大きな立岩がある。その立岩の下に洞が二つある。その一つは、岩の門の

図版12　知床半島（ウトロ・斜里側）

ようになっている。

また、そこを過ぎると、ワツカエワタラがある。同じく大岩が険しく、『上から少しづつ水が落ちている』。そのため、その名がある。また、この辺は暗礁が多くある。

弁慶のマムシ退治

しばらく行くと、カムイエバ（獅子岩）がある。この上は平地であるという。ここはマムシの頭のようになって、海中に突出している。

この岩に一つの奇談がある。この岩は、昔、弁慶の妹という女性が山から下りてきたとき、この辺に住んでいた大マムシが、飲み込もうと追ってきた。そのため、弁慶は、ここで、踏みつぶした。踏みつぶされた大マムシは、そのまま、ここの場所で岩になったそうだ。

また、その陰にアシキネシユマという五つの立岩がある。これは斜里場所に鎮座する神々が、弁慶の大マムシ退治の加勢に現れて、そのまま岩になったという。アシキネシユマは『五つ岩』という意味である。

ここを越えて崖に沿って行くと、ヲラウシヲハエト（チラウシチハトエ）がある。険しい大岩が海中に突きだしている。

また、ここの岬を廻って行くと小さな湾がある。そこを越えるとキヤルマイ（メガネ岩）がある。正式名はヒヤリマイという。小さな岬に大きな穴がある。この穴は、弁慶が大マムシを踏みつぶすとき、弁慶の妹が、この大穴から見ていたという。

この辺までの岸の上は、少し平地になっているが、ここから先は崖になり、平地はない。その上はウイノホリ（六五一・九メートル）という山である。

ここは遠くから見え、シレトコノホリという。山は雑木林となっている。東の方は険しい岩が一つそびえ立っている。正式名はヲフイ岳という。判官様（源義経）の軍勢に知らせるため、火をつけて焼いたという。

その下の崖をしばらく行くと、ホロムイがある。ここは大湾で、イマエヘウシとヒヤルマイと相対する。その幅はおよそ二キロである。岩壁はひじょうに険しい。その奥に小石のある浜がある。浜の前の海上は暗礁が多く、波打ち際には岩が多いので、船を寄せることが出来ない。

知床を出てから、船を着けれるところがルウシヤまで、一カ所もなかった。また、しばらく行くとエヲロウシがある。海岸からは直ちに山になっている。大岩が険しく山の麓まで続いている。その上はトドマツとその他の雑木林となっている。

ホロムイノホリ（七六三メートル）が見える。この峰はウイノホリと並んでそびえ立っている。また、その麓は岩壁で屏風を立てたようになっている。その中程に、幅、およそ、一メートル、高さ、十五メートルぐらいの無名の滝（ポロモイ川）がある。実に山姫、山の守り神がさらす白布のように美しく落ちている。

（注）弁慶

僧侶。武蔵坊弁慶。不明～文治五（一一八九）年。実在の人物。色黒で大男。源義経の従臣。源義経が牛若丸と名乗っていた頃、出会い、最後まで行動を共にした。

源義経が、岩手県平泉の持仏堂で自害したとき、弁慶は持仏堂の前で、無数の矢を受け、立ったまま死に果てたのは、有名な話として残っている（児玉幸多監修『日本史人物事典』要約引用）。

弁慶が魚を焼いた

そこを過ぎると、イマイベウシ（焼き魚を作るところ）がある。そこの東のヒヤルヲマイと西のヲキツチウシと対して、小さな湾になっている。この岬は三つになり、険しくそびえて突き出している。その中の一つの岬は、材木石（柱状節理）が重なっている。

昔、弁慶がこの上で『魚を焼いて食べた』ので、その名が付けられたという。一説には、沖へ魚を釣りに出かけ、帰って来ると、一番始めに魚を焼いて食べるので、その名があるという。

また、ここから五、六百メートル崖の下を行くと、アフンテエンルンがある。これはアフンテの一番出崎なので、名が付けられた。険しい岬の大岩に洞がある。この穴は舟が通れる。

また、これより内に入ると、ホンアフンルイ、ヲンネアフンルイがある。小さな湾であるが、『奥深く入れる』ので、その名が付けられているという。アイヌの人たちがここを航行するとき、その奥にある穴で泊まるようである。

この湾は小さいが良港である。また、並んで三、四百メートル行くと小さな洞窟が二つある。ここにはイワツバメが多い。また、見慣れない水鳥も多い。この辺から、トドマツの山になっている。

少し行くと、小さな湾がある。ホンムイという。廻りは岩壁である。中程に一つの小さな滝がある。知床からこの辺までは、岩が黒く、ここから西の方は、岩が赤くなっている。

並んで、無名の大岩山（ポロエンルン大岬）がある。高さ四十六、七メートルで海に突き出している。

チヨウザメが多い

ここを廻ると、カルマイクシ、正式名カラベイヨクシという。この辺は赤岩の崖である。その意味は『昔、チヨウザメが多く、ここへ一度に寄った』という。

また行くと、大岩が二つ海に突きだしている。ここを行くとイタシベワタラがある。材木石（柱状節理）が、小口の塩の俵を積み重ねたようになって、一つの大岬となっている。イタシベとは『海馬・トド』のことである。ワタラは、『大岩の下の少しの磯がある』ところをいう。

ここを行くと、無名の瀑布、滝がある。険しい高山の端にある。その様子は白糸を垂らしているように見える。並んで、三十数メトルの岩壁があり、はげ山が続いている。

そこを過ぎると、ウチセがある。ここは大岩の岬である。その前に一つの小島がある。その名の意味は分からない。

また、二百メートルも行くと、チセワタラがあり、海中に大岩が一つある。その岩に洞窟がある。アイヌの人たちは、漁の時、ここに宿泊するという。そのため、その名があるという。チセとは『家』のこと、ワタラは『険しい大岩』のことをいう。

並んで、無名の小川（フウレソウ・赤滝）がある。赤岩、大岩の間に流れている。また、これを行くと、無名の川（ポンソウ・小滝）がある。同じく滝のようになって、大岩から流れ落ちている。

それより少し行くと、ヲキツ石がある。ここは出岬になっている。高さ六メートルぐらいで、先が太く突き出た岩が海に出ている。意味は『風が強い時、岩が揺れて鳴る』ので、名付けられたそうだ。

また、一説には、アイヌの人が『水流しの縁のようなものを作った』ので、その名があるようだ。

また、大岩の岬を行くと、フプウシリエト、正式名はフフウシシリエトという。フプは『トドマツ』、ウシは『多い』、シリエトは『岬』という意味である。

崖伝いに、およそ、一キロも行くとアツトヒラウシヘツがある。ここは少し玉石のある浜の湾の奥である。そこに小沢がある。すなわち、ここをいう。

また、並んで、ワンロという一筋の滝がある。高い山から流れ落ちている。その下は玉石の浜である。また、その意味はその上に『クッタラ（イタドリ）が多い』ので、その名があるという。

また、行くとショウランベツ（知床川）がある。ここも高い山の麓で、玉石の浜である。正式名はブトソウウシベツという。『その口に滝がある』という意味である。

また、ソウランヘツとは、『滝が落ちる』といい、ソウは『滝』、ランは『落ちる』という意味である。

同じく玉石の浜を行くと、ブイがある。大きな黒い岩が一つあり、その下に穴がある。そのため名付けられた。正式名はおそらくブヨであろう。

蝦夷舟も宿泊

また、しばらく行くと、カハラヲワタラがある。大岩が険しくそびえ、海に突き出している。また、並んでハシユニ（狩り小屋がある所）がある。正式名はカアシユニとのことである。

ここに、また、一つの出岬があり、北東の方にシレトコ、南西の方にイワヲベツエンルンがある。ここは、昔から、アイヌの人たちがシレトコを往来するとき、宿泊した。そのため、名付けられたという。蝦夷船も宿泊するのに良いところである。

七、八百メートル行くと滝がある。そこを越えて行くとカシユニエンルンがあり、大岬を越えると、初めて南西の彼方に、ヲシユンクシサキを見ることができる。

また、行くと、チヤラセホロという小さな湾がある。この辺の大岩壁は険しい。そこに滝が一筋ある。その前に洞穴が二つある。南は少し大きく、その間に滝が一筋ある。そこは絶景である。その意味、チヤラセは『滝』、ホルはホロともいい『洞窟』のことである。

ホロソウという滝がある。幅が約一メートル、高さ十五メートルと思われる。水量が多い。一つの洞穴がある。裏に回って入って見ると、日光の山にある裏見の滝も及ばないほど深いが、ただ、この滝は海中に落ちるので、眺めがあまり良くない。

鯨を追う

ここを過ぎて見渡すと、白雲の上に高い山が突き出ていた。

チヤラセホロノホリ（知床岳・一二八二・一メートル）である。

岩の岬をしばらく行くと、ホロワタラがある。険しい大岩が突出しているので、その名が付けられている。

また、並んで大岩の柱のようなのが一本立っている。これをホロシユマエンルン（鮹岩《たこいわ》）という。『大岩が一本立っている』ので、その名があるという。

これより岩壁伝いにしばらく行くと、エベスカケウシがある。正式名はイエベシコケウエウシという。ここはウハシヨモエと対して一つの小さな湾になっている。その前の大岩に、一つの洞窟がある。その名の意味は、『昔、竜神たちが、ここへ鯨を多く追ってきた』という。

また、行くとウハシムイがある。約三百メートルの崖が突き出し岬となっている。この湾の上の山の谷に、雪が常にあるので名付けられたという。

また、行くとホンユルシがある。正式名ホンエヲロウシという。山の端が下って、険しい岬になり、海中に突き出ているので、その名が付けられたという。

また、しばらく行くと、チヤラセナイがある。高い岸の壁に『大きな滝がある』ので、その名が付いたという。

これより先に、玉石がある小さな浜がある。そこをしばらく行くと、ヘケル（ペケル・明るい所）がある。高い岩の岸に小川がある。その辺には樹木が多い。ここを、また、チヤカハハイという。その意味は分からない。

源義経が縄を引く

五、六百メートルも岸の下を行くと平浜になる。トシトルハウシというところがある。ここは、昔、判官（源義経）様が、『縄を張って干した』ので、その名が付けられたという。

その上は険しい山である。並んでチヤカヲハニという小石がある小川がある。上は、すぐ、ルシヤ岳になる。その意味は、『昔、子供が往来して、ここでケンカをして泣き止まない』ので、名付けたと伝わっている。

また、しばらく行くと、レツハンベツ（三番川・テツパンベツ川）という中流の川がある。この川、ルシヤ川と一つの沢で合流する。川幅は、およそ、五・四メートル。小石があり、急流となっている。知床から三番目の大きな岬の内にあるので、その名が付けられているという。

ここに小さな浜がある。およそ百メートル行くと、ルシャという小川が一筋ある。その両側は小さな浜になっている。沢はレッハンヘツの沢と合流しているので大きい。

ここから山越えして、根室領ルシアに氷雪の上を行くと、十二キロという。また、知床まで、およそ、十二キロという。ルシャの意味は『道を下る』である。

以前、通行屋一軒（四間×八間）、板蔵一軒あった。これは去年、知床に移したと聞いた。上陸して昼ご飯にした。この辺は水鳥が多い。

これまで見た、チヤラセノホリ（知床岳）は、チヤチヤノホリ（爺岳の意・羅臼岳に連なる山）の子、孫であり、源はイワヲノホリになる。

また、ここから出船して行くと、小石の浜を二百メートルほど過ぎ、ショシヨがある。ここから山になる。小石の浜を過ぎ、しばらく行くと、ポンベツ川がある。川幅、約三・六メートル。

小石の浜をしばらく行くと、三、四百メートルでシラリヤという大岩の磯がある。また、この辺から高い山になり、その崖の下は『玉石の浜』である。そのため、付けられた名であるという。

また、三百メートル行くと、シユフニウシ（ポンプタ川、知床林道が海岸に下る所）がある。訛ってスウヤニという。その意味は『寄り木が多い』という。小川がある。海岸は小石の浜である。

また、しばらく行くと、フブウシノツがある。ここは小さな岬にトドマツの木が多く茂っているので、その名があるという。フブは『トドマツ』のこと。ウシは『多い』、ノツは『岬』のことである。

ここから行くとシルトカンがある。小さな浜で小石がある。その上は高い山になっている。

硫黄が流れる川

また、しばらく行くと、小さな浜がある。フブウシナイ（ウブシノツタ川）がある。同じくトドマツの立木が多く、『陰林になっている』ので、その名がある。

川がある。この川に硫黄が流れてくる。そのため、川の水は白くなって、石などは硫黄に染まっている。

並んで、ホンユウヘツ（ホンユワヲヘツ）がある。これも硫黄が流れてくる。浜の石は赤く染まっている。ユワヲソウも硫黄の水が流れ落ちる滝である。ユワヲは『硫黄』のこと。ソウは『滝』である。

ここを過ぎて行くと、大岩の崖になる。その岩肌にルウサンケベツという滝がある。この滝、ルシヤの奥から別れて来るというが、川の水は、ここに来て硫黄の臭いが少し混ざって滝になって落ちている。

昔、根室のアイヌの人たちが、ルシヤに下るところ、道に迷ってどうしょうもなくなり、『縄を使ってここを下った』という。それで、その名が付けられたそうだ。

ルウサンケベツとは、『道を下る川』という意味のことである。ルウは『道』、サンケは『下る』、ベツは『川』のことである。

岩の崖にヨウコウシベツトボという大滝が二つある。険しい大岩の高い岬である。岬の下は『老人がアザラシを捕るため、槍を持って、待ち受ける』という意味の場所である。

また、しばらく行くと、ヨウコウシノツがある。ここは大きな岩がそびえ立って、海中に突き出している。

ここを廻って岩壁伝いに行くと、ヨウコウシヘツ（硫黄川）がある。滝がある。幅、約一メートル、高さ、およそ、十五メートルである。下の方は三段になって落ちている。

また、並んでその上にタツコフサキがある。ここは一つの岬で小山が一つある。ここから硫黄山に登ることができる。タツコフとは『小山』のことをいう。

その下に小さな湾がある。そこにタツコフソウがある。岬の西の高い崖に滝がある。

（注）道沢重兵衛

道沢重兵衛は、三月、堅雪の上を硫黄岳（一五六二メートル）に登った。和人では初登頂である。非常に品質の良い硫黄の塊を採取してきた。谷一つが一面の硫黄で埋まり、百、二百人の人夫で採っても五年、十年で取り尽くせないほどの量だという。

アイヌたちは、昔から時々登って、硫黄を採って持ち帰り、樺の皮につけて松明《たいまつ》に使用したらしい（丸山道子訳『知床日誌』要約引用）。

カムイワッカの滝

並んで、カモイワツカ（カムイワッカの滝）があり、険しい大岩壁に瀑布が一筋ある。この水は硫黄である。そのため、『神の水』という意味になっている。ここの水源のヌーという湯壷まで、およそ、八キロあるという。その辺は五葉松が多い。

同じく並んで湾の中に、エヤラモイ（エヤテモイ・イヤツテ・物を陸揚げする）という小さな湾がある。同じく、岩壁を行くと、険しい岩壁のヲキシカルシベ（ヲキシヤルンベ）がある。

また、並んで玉石の浜、イタシベウニ、正式名イタシベウシがある。イタシベは『海馬・トド』のこと。ウシは『多い』という意味である。

ここの崖の下に浜がある。昔、山から大岩を転がして落とし、下にいる『トドを殺して捕った』という意味である。それで、その名が付けられたという。

嘴の美しいエトピリカ

並んで、無名の川がある。そこを過ぎると、無名の断崖、突端に岬がある。そこを行くと浜がある。無名の小川があり、そこを行くと、高い大岩壁に穴が多くある。

写真二十二　カムイワッカの湯の滝

松浦武四郎が舟上から遠望したであろうカムイワッカの滝がある。ウトロ市街地から知床半島側の沿岸、二十数キロのところに位置する。約三十メートルの落差があり、オホーツク海に注いでいる。

その上流に、カムイワッカの湯の滝がある。ウトロ市街地から車で、約三十分の距離である。曲がりくねった林道を行くとエゾシカに出会うので注意が必要。

カムイワッカの湯の滝は、知床硫黄山を源とした川で、中腹から硫黄が含まれた温泉が湧き出ている。夏には交通が規制されるほど、観光客でにぎあう。

その穴にはカモの巣が多い。その中にツバメやカウリリ（けいまふり・ケイマフレ・足の赤い鳥の意）も住んでいる。

カウリリという鳥は、大きさがハトほどあって、薄灰色で目の縁は白く、足は紅色である。その色は夕映え（夕紅）の紅色よりも光沢がある。根室のアイヌ民族は、この鳥は色丹島に多いと教えてくれた。

また、アエエトヒリカ、エトヒリカ（エトピリカ・嘴の美しい花魁鳥・おいらん）などを見る。このエトヒリカは択捉島、また、北蝦夷地（樺太）のシレトコなどにも多く住んでいる。このエトヒリカは稀な鳥である。これを一羽、石を投げて殺した。

その大きさは、カラスより少し大きく、また、首が少し長い。羽の下は、少し白いところがある。目のふち、並びに、鼻の端は白い。嘴は紅紫である。五、六日を過ぎると黄色を帯びた。

この辺の岸は屏風のように一面岩で、およそ、一キロもつづいている。しばらく行くと、ヲシレト（エエイシレト岬）がある。

これは、おそらく、私（武四郎）が、波の音で聞き間違えた。後から聞くと、ウエンシレトという。これは第四番の岬でヲシユンクシエンルンと対峙して一つの湾（湾の中は、五湖の水が岩から流れ落ちている）になっている。

その辺は、汐路が早くて船は前になかなか進まなかった。また、一説には、ヲシレトは『汐が早い』ので、その名が付けられたという。

チヤチヤ岳（羅臼岳・一六六〇メートル）

そこを進むと材木石（柱状節理）で、畳を敷き詰めたようになっているところがあった。その前に一つの小さな岩の島がある。これも材木石でできていた。

ここを過ぎると、汐は少し穏やかになっていた。しばらく行くと、ここに小山、フクシヤウシタツコフ（二〇〇メートルの山）が一つある。その山には『行者蒜《ギョウジャニンニク》が多い』ので、その名が付けられたという。フクシヤは『ギョウジャニンニク』のことである。

並んで、フクシヤウシノツという岬がある。ここの岩壁の下を行くと、奇岩、怪石があり驚く。また、少し行くと浜がある。イワヲヘツ（岩尾別）という。川幅、約十メートル、滝の川となって落ちている。その水は硫黄の臭いがある。そのため、名付けられたという。ルシヤからこの川が流れ、山脈がある。その間にチヤチヤ岳（羅臼岳・一六六〇メートル・知床連山の最高）がある。この川を上がり、山を越して下ると、根室領の羅臼に出るそうだ。

また、二、三百メートルも行くと岩壁になる。その続きを三百メートル行くと、イワヲヘツノツがある。大岩で険しい岬が海中に突き出ている。

また、二百メートルも行くと、大岩に洞窟が一つある。この穴には、小舟が二艘ぐらい入れるという。ここを過ぎて、三百メートル行くと、ホロビナイ（小川）がある。幅、三十一メートルほどの小石のある浜である。ホロビは『玉石』のことである。

ニシン、マスの漁場、ホロベツ番屋

そこを行くと、木立の山があり、また、少し行くと、ホロシユマエンルン（象の鼻岬）がある。大岩の岬である。

また、岩壁伝いに行くと、イシカリムイという岩の屏風のようなところに小さな浜がある。その湾の奥は行き止まり、川も何もないので、この名があるという。イシカリは『行き止まり』という意味である。

また、岩の先を一つ超えると洞窟（クンネポロ・暗い洞窟）がある。ここを越えると、岩壁の中程に、ところどころ、温泉の湯が滴り落ちているところがある。その湯のかかるところは硫黄のため白く染まっている。

また、並んでチカポイ（鳥の群れが居るところの意）という小さな湾がある。そこを過ぎると、また、大岩があり、岩穴が多い。いろいろな水鳥が巣を作っている。そのため、その名があるという。恐らく、ここはチカフホロという名称と思う。

並んで、フレベがある。ここは前に述べたように、岩間から水が滴り出ているところである。フレは『赤い』、ベは『水』のことである。

並んで、フユニ（ブユニ岬・穴があるところ）がある。ここも大岩の岬で険しい。正式名はフウニである。フウは『庫・くら』、ニは『木』のことである。『庫《くら》のような木が、昔、この岬の上にあった』ので、その名が付けられたという。

ここを行くと、ホロベツの番屋が見える。ホロベツ（幌別）は、険しい出岬と平浜の間に、大川が一筋ある。そのため名付けられた。

その傍に、番屋一棟（四間×六間）、雑蔵一棟（四間×七間）、雇い小屋一棟（四間×六間）がある。ここはウトルチクシと対して一つの湾になっている。ニシン、マスの漁場である。この上は平山で雑木林である。ここから砂浜を行くと暗礁が多い。ここから会所（斜里の運上屋）までは、険しい道になっているが、歩いて行くことが出来る。

この川は、幅、九メートルぐらいで急流である。しばらく行くと、左の方にホンホロヘツがある。これより上は、険しい大岩で滝のようである。ここから氷雪の時、山越えすると根室領のチニシヘツの水源へ出るという。およそ、二日と少しかかる。前にポンワタラ（ポロワタラ）という岩の島が二つある。ここはチヤシコツの先と、また、対をなして一つの湾になっている。

宇登呂《ウトロ・ウトルチクシ》で宿泊

砂浜を、およそ、一・七キロ行くと一つの岬がある。ウエンクシという。そこの玉石の平磯を行くと、また、砂浜に出る。ここをウトルチクシ（ウトロ・宇登呂）という。

宇登呂には小さな平浜があり、その前は岩の磯となっている。また、番屋の左には高い山があり、その下には、高さ、十六、七メートルの白石が立っている。ここも、前浜には暗礁が多い。左はチヤシコツエト、右はウエンクシで、一つの小さな湾となり、船を停泊させるのに良い。

その後ろは一キロぐらいの平地がある。その上はヘケレノホリ（ベケレノホリ）という高い山が続く。地名は『突出している岩の間を舟が行く』という意味である。

番屋一棟（四間×七間）。去年、ソウヤから秋田藩士がここへ詰めることになり、継ぎ足しをした。前に備米蔵一棟（二間×三間）、雑蔵一棟（四間×七間）、そばに弁天社がある。朽ち果てている。

夕方、宇登呂に着いた。番屋に宿泊した。今日の道程は四十キロぐらいと思われる。

五月八日（新暦・六月十八日）

（注）宇登呂→斜里運上屋

未明から出舟して、宇登呂崎を越え→チヤシコツ崎→遠音別川→オチカバケ川→知布泊→峰浜を経て→斜里川河口へ舟を入れ→斜里運上屋に着いた。

宇登呂から斜里へ

霧雨と靄《もや》。明け方から支度をして出帆すると、近頃にない霧雨と靄で、一寸先も見えないので落胆した。出帆してウトルチクシ（宇登呂）の岩間を越えると、エヘルケ（宇登呂崎）、ヲハシリウシ（三角岩のところ）の小岩の岬がある。

アイヌの人たちは、ここで、イナウ（木弊）を削り、立てて拝んでから出かけた。昔、アイ

写真二十三　ウトロ（宇登呂）

五月七日（新暦・六月十七日）、松浦武四郎は、知床岬から舟に乗りウトロに着き、宿泊した。

ウトロはアイヌ語でウトルチクシ（間の通路）という。斜里町市街地から国道三三四号を知床岬方面に約五十キロに位置する。温泉があり、厳冬期には流氷が接岸する。夏には知床岬まで観光船が運航し、雄大な知床半島を遠望出来る。

私（編者）は、昭和四十一（一九六六）年の夏、学生時代、友達と羅臼からウトロ、網走まで、一日中、観光船に乗ったことがある。

羅臼から知床岬まで、船が木の葉のように揺れ、波は船の数倍の高さになり、沈んでしまうのではないかと思うほどであった。天気は晴れで、それほど風があるという状態ではなかった。知床岬からウトロ、網走までは、まったくの正反対でほとんど波がなく、「ベタなぎ」という状態だった。

私は、この「ベタなぎ」で、死ぬほどの船酔いをした。松浦武四郎は、船酔いや危険なことに出会ったことを書いていないが、同じような経験をしたのであろうと思う。

ヌ民族の先祖が、ここで鉤《かぎ》を垂らして大物をあげたいう。正式名はアハツテウシ（オロンコ岩の西端の名所）という。アは『鉤』、ハツテは『釣る』、ウシは『多い』の意味である。

この辺の岸は、玉石の浜で、その上は樹林の崖となっているが、歩いて通ることができる。まだ、霧雨と靄が深く、少しの晴れ間から出崎が見えた。そこを二、三百メートル行くと、ヘケレがあり、正式名はヘケレ（ペレケイ）という。ここに小川がある。この麓に大岩が一つあり、その岩が割れて、その中から水が湧いて出るので、その名が付けられたという。

また、一説には、この辺は、玉石の浜で、この川の両方に少しの間に白砂があり、美しいので、ペケレという。ペケレは『明るいこと』をいう。

この上に、ヘケレノホリ（ペレケノホリ・宇登呂山か）という小山がある。これはヲンネノホリ、ユワヲノホリ（硫黄山）などの間に当たるという。

鯨が揚がる

この岸に沿って三、四百メートル行くと、チヤシコツエト（チヤシコツ崎）がある。険しい赤壁崖が海中に突出し、それに潮がぶつかり、玉となって飛散している。上は樹林で枝を垂らし、その景色には驚かされる。

そこは、その昔のアイヌの城塁である。チヤシは『柵塁』のことで、コツは『地面』、エトは『鼻崎』のようなところをいう。

そこを行くと、フンベヲマベツ（フンベ川）がある。小石の浜に小川がある。昔、この河口に鯨が揚がったという。フンベは『鯨・クジラ』、ヲマは『入る』、ベツは『川』という。

また、行くと、ニソマベツが並んである。一説に、この川には名が無く、フンベヲマベツが正式名ともいう。どうしてなのか。

また、並んで、コエシヨモエという小さな湾があり、陸には玉石がある。そこを過ぎるとウカヲフという一つの岬がある。この岬は材木石が険しく積み重なり、一つの岬となって海中に突き出ている。

また、その浜は『黒白の石が綺麗に敷いたようになっている』ので、その名があるという。

また、ここから一つの湾（弁財澗）になっている。この岬とヲシユンクシと対峙している。その湾は小石の浜である。およそ、一キロほど行くと、エシヨコヲマナイという小さな滝がある。

粗い敷物《キナムシロ》

昔、アイヌの人たちが敷いて使った、キナ莚（ムシロ）をこの川に投げ入れたので、その名が付けられたという。アイヌの人たちが付けた名であるが、何故か、有事のように思われ、恐らく、そのキナを投げ入れたのは、名のある強者か何かと思われる。

小野道風の図にあるように、昔、親鸞聖人が野宿して、その菰《こも》（マコモで編んだ粗いムシロのこと）を投げ入れられたのを、今、菰捨川という。一つの寺の道場が立てられ、宗派の者の宿跡と、今は、なっているのと同じようだ。

並んで、一・五キロほど行くと、ヲシユンクシという険しい大岩の岬がある。ここを方位、南西に向かって行くと、浜には何もなく見渡せた。

その岬の東（弁財澗）に、番屋一棟（四間×二間）、雑蔵一棟（四間×五間）、雇い小屋一棟（四間×七間）がある。

そこを過ぎて行くと、ヲシユンクシエト（オシンコシン崎）がある。ここはアイヌたちが木弊を削り祀る。すべて材木石（柱状節理）である。昔、ここでアイヌたちが『魚を捕り、油を煮た』ので、その名が付いているという。

源義経の船が壊れる

しばらく一キロほど行くと、材木石に並んでチブシケヲロがある。昔、判官（源義経）様の船が壊れたので、その名があるという。

玉石の浜をしばらく行くと、一つの滝、チヤラセナイがある。その滝の上は一筋で、落ちるところは二つに分かれている。この辺の崖の下は、すべて、玉石がある。

また、五、六百メートル行くと、ヲヘケプ川がある。昔、判官様が、ここで、『ワッカク（舟のあか汲み器）という物を流してしまった』ので、その名があるという。

同じく崖下をしばらく、一・三キロほど行くと、サルクシ（シヤリキ川）という小川がある。

正式名はシャリクシという。この川上に小さな沼がある。その沼のあたりは湿地帯、沢になっている。シャリは『蘆荻《ろてき》（アシとオギ）が多く茂っている』ので、その名が付けられたそうだ。シャリは『蘆荻（アシとオギ）』のことである。クシは『ある』という意味である。

この辺から、崖がなくなり陸地も低くなってきた。およそ、七、八百メートル行くと、ヲンネベツ（遠音別）という川がある。幅は約九メートル、玉石があり、急流。ウグイ、マス、イトウなどの魚が多い。ヲンネは『大いなる』の意味である。この川は知床からこの方面で、第一番の川なので、この名がある。

空き家の多い人家、八軒

川の南岸にアイヌの人たちの家が八軒（空き家、四軒）ある。

一軒目、土産取アクハアイノ三十三歳が出迎えてくれた。母エテケシユレ六十三歳、お土産など取り出して、この家で昼食にした。

妻ヒトルシ、妹エツシヲ、弟ケナシクマ、嫁シユアツテの家族六人で暮らしていた。その内、妹、弟、嫁の三人は、浜に雇われて行っているという。

二軒目、その隣、家主エトムシ七十九歳、腰も曲がって二重になっている。妻モエシヤム七十三歳と二人で暮らしている。息子シユマケム、嫁サアトルマツ、二男モンホクマの三人とも、孫を連れて、浜に雇われ働きに行っている。

そのため、隣の家の世話になっていると話した。朝夕、薪切り、水までも、この子供たちを待ちながら世話になっていると、涙を流した。そのため、残りの米と煙草などを渡した。

三軒目、その隣の家に入ると空で、家主はマウラシ五十五歳、妻イコフと二人で暮らしているが、家を空けて、これも浜に雇われて働きに行っているという。

四軒目、その隣、家主はヨタロ五十歳、妻クルトル、娘チナナセ、弟テエイ、嫁チホロヘシと五人で暮らしている。ここも弟と嫁は国後島に送られ、家主は、最近、利尻島から帰って来ないという。家は空き家になり、炉端も雑草が繁茂している。

五軒目、その隣、家主はサンマウ四十歳、当年、七十五歳になるケコマツという老婆がいる。家に残して、浜に雇われて働きに行っている。妻チヤレヌカは、まだ六、七歳と二歳の子供を預けて、去年から帰って来ないという。

六軒目、また、その隣、家主はシシマラフト六十二歳、妻ヲユワンケ六十歳、トツケという息子を頼りにしていたが、この者は去年、亡くなってしまった。娘のヲサレは男の孫一人、孫娘一人いて、世話をしてもらい養われていた。

七軒目、その隣、家主ハウニケケ四十六歳、妻エシユイハ、息子アモエクバ、二男一人、僕（使用人）カモエクタの五人家族で暮らしているが、みんな、浜に雇われて働きに行き、家は空き家になっている。

八軒目、その隣、家主シカシユレ三十一歳、妻エヒツセ、弟サケトク、ここも三人とも雇われて浜に働きに行っている。そのため、空き家になっている。

アイヌたちの家を一軒一軒見て廻り、土産取アクハアイノ三十三歳から、話を聞きてから出発した。

この川筋のことを聞くと、ここから七、八百メートル左の方に行くとホロナイがある。ここから四キロ上がると川が二つに分かれている。ここをヘテウコヒという。

ここから右の方をシユンヘツといい、少し小さい。左をメナシヘツといい少し大きい。ここを上がると、およそ、一・九キロでフルホクという小川がある。この辺から上は、険しい大岩が重なっている。また、八キロも上がるとルウチシという峠に到るという。

この右の方は、ヲンネノホリ、左の方はヘレケノホリという山である。ここを越えると、根室領のトシヘツ（ルクシベツ）の水源へ到る。雪があるときは、一日半で行くことができ、夏の道はないという。これらは、エトムシ七十九歳の老人から聞いた話しである。

マス漁の出稼ぎ

また、玉石の浜を行くこと、二・六キロほどで小川がある。この辺から砂浜で陸を行くことができる。ホロナイ、マクヲイ（奥深い所）があり、小川がある。

ここには最近まで番屋があった。今はない。ただし、時々、マス漁のいいときは出稼ぎに来る。

ここに、昔『判官様が幕を張った』ので、その名が付いたという。正式名はマクウョエという。ここから道がよく、砂浜になる。

一つの砂の岬を一キロも過ぎると、ヲクルニウシ（金山川）という川がある。両岸は砂浜である。その意味は何故か分からない。

また、一キロほど行くと、ヲショマヲマフという小川がある。この両岸には玉石があり、この川の上は険しく、『大岩が重なっているようになっている』ため、その名が付いている。急流である。

並んで、ヲタムイ（砂の湾）がある。『小さな砂の岬がある』ので、その名があるという。そこを越えると小石の原がある。そこを行くとヲチカバケという小川がある。その上には小さな沼のようなところがある。昔から、『カモが必ずここで卵を産む』ので、その名があるという。

また、小石の原を過ぎると、小石の浜にヲライネコタンという小川がある。

知布泊湾《ホロトマリ》に番屋

また、しばらく行くと、ホロトマリ（知布泊湾）がある。ここは小さな入り江が湾になっているので、その名があるという。

ここに、番屋一棟（四間×六間）、備蓄米蔵一棟（二間×二間）、雑蔵一棟（四間×七間）、雇い小屋一棟（四間×七軒）がある。

また、石原のところを二キロほど行くと、ノッカマフという小川がある。正式名はノッカヲマフ（糖真布）という。この岬、『一番、出ている岬』なので、その名があるという。また、一説には、『一番の手前の岬』なので、その名を付けられたという。

そこを過ぎて、一・六キロほどで、砂の道になる。この辺の岸は浅いので小舟でも、一キロも沖を行く。

シユマトカリヘツ（朱円川・峰浜）という小川がある。ここから斜里の方に小石が一つもない。そのため、石がないので、『人が裸足で舟を引いて行く』ことができる、という意味の名が付けられている。

カヤの原に人家、二軒

また、小さな湾がある。右の方にノツカマフ、左の方にカモイヲヘツの河口の岬と対峙している。川端から、五、六百メートル行くと、人家が二軒ある。その辺は、一面、カヤの原である。『どうしてここに樹木もなく、遠いのに住んでいるのか』と聞くと、『昔、ここが村だったので、先祖のセツトバ（墓所）が、ここにあるので住んでいる』と教えてくれた。

飲み水は、住んでいるところから、シユマトカリヘツまで、汲みに行くという。私（武四郎）も、休んでからカバの桶を持って川まで水を汲みに行った。

一軒目、家主はシヒナエテ四十二歳、妻エンルシカ、息子一人である。妹のユタクエシは、番人の妾となり、娘トレハサム、息子タキゾウ、娘一人の三人を養っているという。この家の家族は七人であるが、一人残らず浜に雇われて、空き家になっている。

二軒目、その隣、家主アトマ六十三歳、妻チヤロチラケム六十五歳、弟エテシユ、妻マウテシユと四人で暮らしている。弟夫婦は国後島へ雇われて働きに行っている。そのため、家には老夫婦だけが残っていた。

この辺は小さな貝が多い。また、ホッキ貝も多い。休んでいる間に、老夫婦は、それらの貝をたくさん拾って来た。煮てくれた貝をみんなで食べた。そのため、お礼に残った米、針を渡した。

庭中にキナ（筵・ムシロ）を敷き、キトヒル（ブクシヤ・ギョウジャニンニク）を干してあった。この辺では、米を食べることがほとんどないので、干した草を食べるようである。

ここから砂地を行くと、カモイヲベツという小川がある。この上は平野である。また、一キロほど行くと、ウナヘツフト（海別川の河口）がある。川幅は、約十八メートル。浅瀬で底は小石である。

野原に人家、三軒

ウナヘツの野原に人家が三軒ある。その辺は草原になっている。この浜はホッキ貝、その他の小さな貝も多い。

一軒目、家主は土産取エトメアン五十歳、妻ヲクシノマツ、娘コツヘトシ、妹モコツテレケ、弟マタベ、妻サンベカラの六人で暮らしている。娘二人は番人の妾となり、弟夫婦は、三年ほど国後島へ雇われて働きに行き、帰れないという。

二軒目、その隣、家主アママフラ六十一歳、妻は亡くなっていた。弟セップ、嫁アハニセと三人で暮らしている。弟夫婦は雇われて浜で働いているため、ただ一人で住んでいる。

三軒目、その隣、家主エショフショ五十一歳、弟ソノレ、娘エンネマツの三人で暮らしている。三人とも、雇われて働きに行っているので、空き家になっている。人家があるというが、無人の里のようだ。

ここから固い砂浜になっている。歩きやすい。ところどころにホッキ貝や小さな貝などが汐に打ち上げられ、また、カレイ、アワビなど、浜に寄せている様子は、摂津の住の江の岸（大阪の住吉）にも勝っているけれども、何となく北国のアイヌの人たちの暮らしを思い起こすと、物寂しく感じる。

およそ、四キロ、固い砂地のため、足場がいいので舟から降り、空舟として引いて歩いた。タンネウシという小川があった。同じく、浅瀬の岸を四キロほど行くと、バナの下に到った。アイヌ民族の子供たちが裸になり、海に入ってホッキ貝、カレイなどを捕っている様子を見た。子供たちは、私（武四郎）たちを見て喜び、近寄ってきた。

（注）アイヌの人たちの惨状（ウナベツ海岸）

引汐の浜の水溜まりで、腰が折れ曲がったような年寄りや僅かに肩をまとうだけのボロボロのニレの木の皮の繊維で織った衣服、アッシを着た青白い顔の病人など、それぞれ杖にすがりながら、また、セカチ（男の子）やカナチ（女の子）も交じって、浜に打ち上げられた魚やホッキ貝を獲っていた。

私（武四郎）たちが通るのに気が付いて、ゾロゾロとやって来た。私は、『どうしたのか』と尋ねた。すると、次のように話した。

『シャリやアバシリ両場所の和人たちが、娘が夫を持つ年頃になる十六、七歳になると、国後島に送って、本州各地からやって来た、漁師や船乗りの男たちの自由にさせられる。

男は妻をめとる年頃になると、やはり、国後島に連れ去って、昼夜もなく酷使する。そのため、生涯、妻もなく過ごすことになる。過酷な労働のため、男女ともに病に冒されるものが多い。しかも、廃疾（はいしつ・回復不能の病気）者となっても働けるうちは五年、十年と働かせられ、なかなか故郷に帰ることを許さない。

また、夫婦を国後島に送れば、夫を遠い漁場で働かせ、妻は会所や番屋に置いて、番人や出稼ぎ者の慰み者にする。拒否すればひどいことをされ、泣く泣く日を送っている』。

このような惨状を聞かされた。寛政年間には二千人余りの人口が、その半数にも満たない人口になってしまったという憂うべく状態である。このままいけば、あと、二十年もすれば、この地のアイヌ民族は絶えてしまうのではなかろうか。

このような状態で、ここには健康で丈夫な者はいないので、漁業や狩猟に出かけることもできず、食うや食わずの生活である。浜に出て貝を拾い、汐が満ちれば野山に入り草や根を掘って食糧にしていると、口々に窮状を訴えた。

その様子を見て、いよいよこの人たちが哀れになってきた。持ち合わせていた食糧を分け与えた。


運上屋に無事着き、斜里詰め調役下役、宮崎三左衛門に会う機会があったので、ウナベツでの話をすると、宮崎氏も既に承知していた。

私（武四郎）同様、その方策に深く悩んでおり、私の話に何度もうなずいた。蝦夷地の役人衆の中に、このような良識のある人物のいることに、心強く思ったことである（丸山道子訳『知床日誌』要約引用）。

（注）人口の減少
文政五（一八二二）年調査、三一六戸、一、三二六人
安政五（一八五八）年調査、一七三戸、七一三人
（丸山道子訳『知床日誌』）

をほりもてくらひ、はつかにぞいのちつぐとふ。

あらたまの年の盛を、いへにあらば親をやしなひ、子らをしも育えてむを、えぞ人の有の限りをはたりつつ、つかふ人ハも黒木かも、心しなしと、鳥なめや、さへつりことのうたへにも、こころかよひて誰しかもみ、のらめやも、そのことを語るをききて、涙しながる。

重胤（穂積）武四郎画

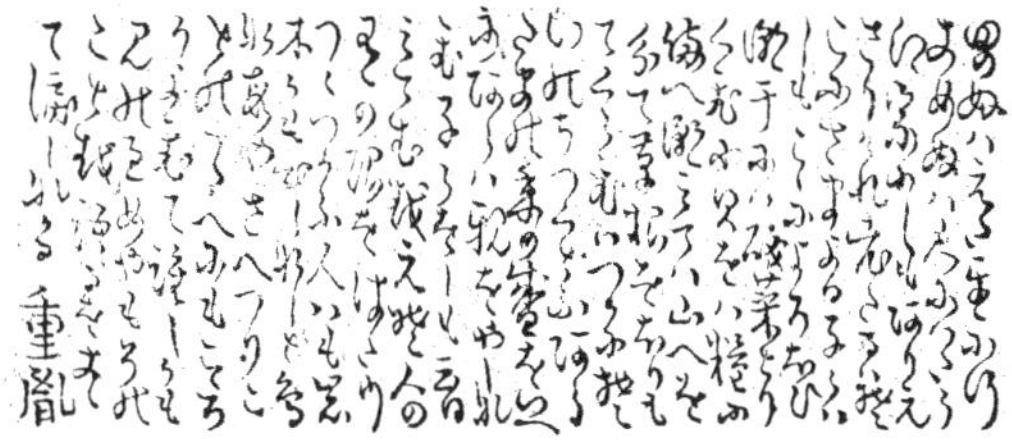

（注）絵図3　ウナベツ海岸（アイヌの窮状）

（松浦武四郎著・丸山道子現代語訳『知床日誌』）

絵図の中の文章

男奴ハえたらに行き、女奴は人にはたらえ、家にしもありえざりけれ。

老いたるハそこにさまよゐ、子らはしもここによろぼひ、潮干には礫菜とりくひ、小貝をば糧に備へ、潮みてば山へを分けて、草根

斜里の運上屋からの出迎え

ウナヘツから十キロほどあるが、わずかの間に斜里川の河口に蝦夷舟を入れた。陸の方の運上屋では、私（武四郎）たちが来たと、走って来て出迎えてくれた。

斜里詰め調役下役、宮崎三左衛門は網走へ出役していた。網走詰め同心、神野勝五郎、斜里詰め足軽、道沢重兵衛の両人が手厚く世話をしてくれた。ここの家、建物などのことは、安政三年の廻浦日記に書いてあるので省略する。

案内が終わったので、知床の小使カラリケに玄米八升、酒一升、煙草三把、木綿八尺をお礼のため渡した。根室アイヌのクンネヘツ、土産取定右衛門、標津の源三郎（エナンケクル慶三郎）、ウエンヘツの三蔵の三人には、アッシ一反、タシロ（山刀）一丁づつをお礼に渡した。

その理由は、根室はアッシが貴重であり、タシロは、寛政元年のメナシの戦いの後から、アイヌの人たちには所持させなかったためである。そのため、アイヌの人らはタシロをひじょうに希望したためである。

みんなには、酒を十二升、煙草一把づつ渡して、無事案内してくれたことに対して、お礼を述べた。

（注）昔と今の値段の対比

（昭和五十八年の米価換算・一文は、約六・六円）

・タシロ（山刀・ナタ）一丁、二五〇文（一、六五〇円）。
・酒一升、二〇〇文（一、三三〇円）。
・煙草一把、八五文（五六〇円）。
・アッシ一反、六〇〇文（四、〇〇〇円）。
・外飯米、一人一日、七合五勺ずつ。
・当時、漁場の雇用賃金は、アイヌ民族、一日当たり五〇文（三三〇円）。和人、一日当たり一五二文（一、〇〇〇円）。
・四日間でアッシ一反、タシロ一丁、煙草一把というのは、九三五文（六、二五〇円）。一日当たり二三四文（一、五六〇円）になる。
・ショコツ川の案内の時も、一人一日当たり二二七文（一、五〇〇）円相当を渡している。

（注）斜里の農作物栽培状況

安政四（一八五七）年には、粟、稗、蕎麦などが栽培されていた。天候のためか、収獲するまでには至らなかった。

万延元（一八六〇）年には、運上屋の傍で大根、五升芋などが栽培されていた（山本正編『近世蝦夷地農作物年表』)。

アザラシ皮のお土産

私（武四郎）は、明日、網走に行くというと、三人の者が、何とぞ私たちもお供して網走を見物したいという。そのことを、支配人の三右衛門に申し伝えた。一緒に行くことにして支度を整えた。

夜になり、小使カラリケからアザラシの皮を一枚、私にお土産として持ってきてくれた。そのほか、ここからワツカウイまで同行してくれる者は、小使アリホカイ、土産取シユシユカ、馬扱い馬太、大工クシヤンテである。一緒にいってくれる四人は、留守のようなので、阿波粉（阿波煙草）を、一つずつ、支配人の三右衛門に託しておいた。

実は、ここ、斜里に着くのには、七、八日もかかると見込んでいた。以外と早く着いたので安心した。糧米まで、その分を食べることなく着いた。それで、その残った米を、知床の小使カラリケと根室の三人に配分した。

写真二十四　シャリ運上屋（会所）跡

斜里町指定遺跡。港町八の二八の住宅街にある。

運上屋の創設は、寛政二（一七九〇）年以降と推定され、和人とアイヌの人らの交易場所として発足した。のちに、大規模な漁場経営や場所内の行政事務を取り扱うようになった。

文化四（一八〇七）年、幕府の蝦夷地直轄に伴い、運上屋は会所と改められた。この時、北方探検家として有名な最上徳内がシャリ会所詰を命ぜられ、シャリ駐屯の津軽藩兵の指揮にあたった。

明治二（一八六九）年、場所請負制が廃止され、その後、建物は以前の斜里場所請負人の藤野家により管理されていた（斜里町立知床博物館提供『斜里町文化財台帳』より）。

写真二十五　津軽藩士シャリ陣屋跡

斜里町指定史跡。本町五二の二四に所在。

文化四（一八〇七）年、幕府より斜里地方の沿岸防衛を命ぜられた津軽藩は、七月から藩士、百名を駐屯させ、警備に当たった。

この警備で、越冬期間中に浮腫病（冬期間の野菜不足、ビタミンC不足による脚気、壊血病といわれている）の蔓延により藩士は次々と死亡し、翌年、津軽に帰還した藩士は十七名だったという。現在、「津軽藩士殉難事件」として知られている（斜里町立知床博物館提供『斜里町文化財台帳』より）。

写真二十六　津軽藩士墓所跡

斜里町指定史跡。本町四九の二に所在。

文化四（一八〇七）年に起こった「津軽藩士殉難事件」の犠牲者を弔うため、桧材で墓標を建てた記録が残されている。

明治二十六（一八九三）年の斜里他四ヶ村戸長役場の文書にも、津軽藩士墓所の記載がある。その後、歳月が過ぎ、地上に形跡が残されていなかったため、墓所があったと推定されている場所を史跡とした（斜里町立知床博物館提供『斜里町文化財台帳』より）。

引用・参考文献

・北海道庁編纂『北海道史　附録・地図』北海道庁　大正七（一九一八）年
・朝日新聞社編『北方植物園』朝日新聞社　昭和四十三（一九六八）年
・永田方正著『北海道蝦夷語地名解（復刻）』国書刊行会　昭和四十七（一九七二）年
・高倉新一郎著『新版アイヌ政策史』三一書房　昭和四十七（一九七二）年
・別海町百年史編さん委員会『別海町百年史』昭和五十三（一九七八）年
・標津町史編纂委員会『標津町史（第二巻）』昭和五十四（一九七九）年
・松浦武四郎著・丸山道子訳『納沙布日誌』放送アートセンター　昭和五十五（一九八〇）年
・北海道新聞社編『北海道大百科事典（上・下巻）』北海道新聞社　昭和五十六（一九八一）年
・松浦武四郎著・丸山道子訳『知床日誌』放送アートセンター　昭和五十八（一九八三）年
・松浦武四郎著、高倉新一郎校訂、秋葉実解読『戊午東西蝦夷山川地理取調日誌（上・中）』北海道出版企画センター　昭和六十（一九八五）年
・作成者　小林和夫『戊午東西蝦夷山川地理取調日誌足跡図』北海道出版企画センター　昭和六十（一九八五）年
・谷口弘一・三上日出夫編『北海道　植物図鑑（野の花・改訂版）』北海道新聞社　昭和六十一（一九八六）年

・白老民族文化伝承保存財団『アイヌ文化の基礎知識』　昭和六十二（一九八七）年
・知床博物館協力会『近世の斜里』　平成四（一九九二）年
・集英社『集英社・国語辞典』　平成五（一九九三）年
・佐々木利和著『アイヌの工芸』至文堂　平成七（一九九五）年
・帝国書院編集部『ワールドアトラス（三訂版）』帝国書院　平成八（一九九六）年
・榊原正文編著『武四郎　千島日誌』北海道出版企画センター　平成八（一九九六）年
・山本正編『近世蝦夷地農作物年表』北海道大学図書刊行会　平成八（一九九六）年
・児玉幸多監修『日本史人物事典』講談社　平成九（一九九七）年
・北海道・東北史研究会編『場所請負制とアイヌ』北海道出版企画センター　平成十（一九九八）年
・高木崇世芝編『松浦武四郎「刊行本」書誌』北海道出版企画センター　平成十三（二〇〇一）年
・松浦武四郎著・更科源蔵・吉田豊訳『アイヌ人物誌』平凡社　平成十四（二〇〇二）年
・秋葉實編著『松浦武四郎　知床紀行』北海道出版企画センター　平成十八（二〇〇六）年
・関秀志・桑原真人・大庭幸生・高橋昭夫『新版　北海道の歴史　下　近代・現代編』北海道新聞社　平成十八（二〇〇六）年
・平凡社地図出版編集・製作『日本・世界地図帳』朝日新聞出版　平成二十三（二〇一一）年
・標津町歴史文化研究会『北辺の会津藩旗』　平成二十五（二〇一三）年
・合田一道著『松浦武四郎　北の大地に立つ』北海道出版企画センター　平成二十九（二〇一七）年

・尾崎功編『東西蝦夷山川地理取調圖を読む』北海道出版企画センター　平成二十九（二〇一七）年
・加藤公夫編『松浦武四郎の十勝内陸探査記』北海道出版企画センター　平成三十（二〇一八）年
・北海道博物館・三重県総合博物館・北海道立帯広美術館・松浦武四郎記念館編集『幕末維新を生きた旅の巨人　松浦武四郎』勝毎光風社　平成三十（二〇一八）年

おわりに

私は、昭和四十三（一九六八）年から平成十五（二〇〇三）年までの間に、十八年間、別海町、根室市、中標津町で過ごしました。

西に日高山脈が見える十勝内陸で生まれ育った私にとって、海岸線から、すぐ近くに国後島が見え、東の水平線から太陽が昇り、西の水平線に沈む、広大な根室の台地が魅力的でした。自然風物、動植物に興味があり、沿岸部に、和人が住み始めた歴史の古さに驚きました。

『松浦武四郎の釧路・根室・知床探査記』は、昆布森（釧路町）を出発し、知床岬を経由して、斜里に着くまでの探査旅行記です。概略行程を示すと、次のようになります。

安政五年（一八五八）四月二十日（新暦・六月一日）、太平洋沿岸の釧路の東、昆布森を出発→仙鳳趾→厚岸→火散布→霧多布→初田牛→落石→花咲→納沙布岬。

根室海峡（野付水道）側の納沙布岬→根室→風連湖口→西別川河口→野付半島→標津→標津川上流→標津→羅臼→知床。

オホーツク海沿岸の知床→ウトロ→五月八日（新暦・六月十八日）、斜里へ到着。

松浦武四郎が旅行した幕末、安政五（一八五八）年の根室、知床方面の沿岸は、意外と開けていたことを知りました。要所には、距離を示す標柱が立てられ、標津川上流から釧路方面にかけて一里塚があったことを知りました。

寛政年間（一七八九〜一八〇〇）以前から、漁業を行う番屋が各場所にありました。寛政十（一七九八）年には厚岸に勤番所があり、運上屋は厚岸、根室、斜里、国後島の泊、択捉島の紗那にありました。

安政二（一八五五）年には、北方警備のため、厚岸、根室、国後島の泊、択捉島の紗那に仙台出張陣屋が置かれました（北海道庁『北海道史　附録・地図』）。

また、和人やアイヌ民族が住んでいる番屋周辺では、自給のため、いろいろな農作物が栽培され、それなりの収獲があったことを知ることができました。

根室会所では、多くの馬や牛が放牧されていたと記述しています。馬は漁業の仕事や通行に使用され、牛は乳を搾り飲用にするためだったのでしょうか。どのような品種だったのか興味深いところです。根室には南部藩勤番所があったので、南部から連れてきたと推測しました。

さらに、源義経や弁慶の話、弁慶の妹まで登場するのには、驚きました。武四郎が旅行する以前から、源義経伝説があったのです。

また、樺太の海峡を発見し、樺太が島であること確認（間宮海峡）した間宮林蔵についても記載されています。

武四郎は、このままではアイヌ民族がいなくなってしまうと、人口が減っていく原因にも触れています。

現在、秘境と呼ばれている知床半島にも、遺跡があり、アイヌのコタンがあり、生活がありました。魚が豊富で食糧となる野山の動植物が豊富であれば、アイヌの人たちにとって、現代人がいうところの秘境と呼ばれる地域はなかったのかも知れません。


松浦武四郎著、高倉新一郎校訂、秋葉實解読『戊午東西蝦夷山川地理日誌　上・中』北海道出版企画センター発行から、『松浦武四郎の釧路・根室・知床探査記』を著しました。

自分自身が釧路・根室・知床について興味があったため、秋葉實解読の文章を理解し、現代文にしました。必ずしも、一字一句、正確な現代文ではなく、省略、推測して記述したところもあります。ご理解をお願い致します。

本書の出版にあたりまして、三重県松阪市の松浦武四郎記念館、北海道出版企画センターの野澤緯三男様のお世話になりましたことを、厚くお礼を申し上げます。

また、妻には、写真撮影旅行や校正など協力をしていただき、感謝を申し上げます。


令和元（二〇一九）年五月　加藤　公夫　記

■編者略歴

・加藤　公夫（かとう　きみお）
・昭和21（1946）年、北海道十勝、芽室町生まれ。
・帯広畜産大学別科（草地畜産専修）修了。
・北海道職員退職（開拓営農指導員・農業業改良普及員）
・現在、芽室郷土史研究会主宰。北海道砂金史研究会会員。

■主な著書

『北海道　砂金掘り』北海道新聞社　昭和55（1980）年
『酪農の四季』グループ北のふるさと　昭和56（1981）年
『根室原野の風物誌』グループ北のふるさと　昭和60（1985）年
『写真版・北海道の砂金掘り』北海道新聞社　昭和61（1986）年
『韓国ひとり旅』連合出版　昭和63（1988）年
『農閑漫歩』北海道新聞社　平成19（2007）年
『タクラマカンの農村を行く』連合出版　平成20（2008）年
『西域のカザフ族を訪ねて』連合出版　平成22（2010）年
『十勝開拓の先駆者・依田勉三と晩成社（編集）』
北海道出版企画センター　平成24（2012）年
『中央アジアの旅』連合出版　平成28（2016）年
『日本列島　南の島々の風物誌』連合出版　平成29（2017）年
『シルクロードの農村観光（共著）』連合出版　平成30（2018）年
『松浦武四郎の十勝内陸探査記』
北海道出版企画センター　平成30（2018）年

松浦武四郎の釧路・根室・知床探査記

発　行　2019年9月20日
編　者　加藤公夫
発行者　野澤緯三男
発行所　北海道出版企画センター
〒001-0018　札幌市北区北18条西6丁目2-47
電話　011-737-1755　FAX　011-737-4007
振替　02790-6-16677
URL　http://www.h-ppc.com/
印刷所　㈱北海道機関紙印刷所

ISBN 978-4-8328-1905-4